Week 03

Contents	Page	Date	Check

Day 01 `Part 2~4` LC가 잘 들리는 어휘 ①   02   월   일   ☐

Day 02 `Part 5, 6` 동사 ①   16   월   일   ☐

Day 03 `Part 5, 6` 동사 ②   30   월   일   ☐

Day 04 `Part 5, 6` 동사 + 명사 콜로케이션   44   월   일   ☐

Day 05 `Part 7` 기출 동의어 ③   58   월   일   ☐

Week 03 실전 TEST   68   월   일   ☐

1 **budget**
● n. 예산

W: Greg, could you update me on our finances?
M: We are still operating well within our budget.
여: 그렉, 우리의 재정 상황을 알려주시겠어요?
남: 우리는 여전히 예산 내에서 잘 운영되고 있습니다.

2 **assignment**
● n. 과업, 과제, 임무

W: Who's writing the product development proposal?
M: That assignment hasn't been officially given out.
여: 제품 개발 제안서를 누가 쓰고 있나요?
남: 그 업무는 아직 공식적으로 할당되지 않았어요.

3 **be assigned to +**
동사원형
● ~하도록 맡겨지다, 할당되다

W: Who'll be assigned to lead the marketing team?
M: The management is deciding that now.
여: 누가 마케팅 팀을 이끄는 업무를 맡게 될까요?
남: 경영진이 지금 그걸 결정하고 있어요.

만점 TIP
• 관련 기출
「be assigned to + 사람」 ~에게 할당되다
assign A to B A를 B에게 할당하다

4 **behind schedule** ● 일정에 뒤처진

W: We're running behind schedule and need to make some adjustments to meet the deadline.
M: Hmm, then I'll assign a few tasks to our intern Jaime so that the workload is spread out between us.

여: 저희가 일정에 뒤처지고 있어서 기한을 맞추기 위해서는 조정이 필요합니다.
남: 음, 그럼 인턴사원 제이미에게 몇 가지 일을 맡겨서 업무량이 분산될 수 있도록 하겠습니다.

만점 TIP
• 관련 기출
  ahead of schedule 일정보다 앞서서

5 **have difficulty -ing** ● ~하는 데 어려움을 겪다

W: I'm having difficulty replacing the ink cartridge in the printer. Can you help me out?
M: Sure thing. I'll be there shortly.

여: 제가 프린터의 잉크 카트리지를 교체하는 데 어려움을 겪고 있어요. 도와주실 수 있나요?
남: 물론이죠. 금방 가겠습니다.

만점 TIP
• 기출 Paraphrasing
  have difficulty -ing → have a problem[trouble] -ing
  (~하는 데 문제가 있다)

6 **commute** ● n. 통근
　　　　　　　 v. 통근하다

W: How long is your commute to work?
M: Only about 20 minutes by bus.

여: 통근 시간이 얼마나 걸리나요?
남: 버스로 약 20분 정도밖에 안 걸립니다.

7 **be good at** • ~에 능통하다, ~을 잘 하다

W: I need some visual materials to go along with my sales presentation tomorrow.
M: Thomas **is good at** designing slideshows.

여: 내일 영업 발표 때 같이 사용할 시각 자료가 필요해요.
남: 토마스가 슬라이드쇼 디자인을 잘 합니다.

> **만점 TIP**
> • 기출 Paraphrasing
> be good at → be proficient[skilled] at, be familiar with (~에 능통하다)

8 **not until + 일시** • ~까지는 아니다, ~은 되어야 하다

W: Hi, I just saw that Parking Lot C is closed. When will it reopen?
M: Unfortunately, **not until next month**.

여: 안녕하세요, 방금 C 주차장이 폐쇄되었다는 걸 봤습니다. 언제 다시 열리나요?
남: 유감스럽게도, 다음 달은 되어야 합니다.

> **만점 TIP**
> • 관련 기출
> 「not A until + 일시」 ~은 되어야 A하다
> I won't have time until tomorrow.
> 난 내일은 되어야 시간이 날 거야.

9 **be scheduled for + 일시** • ~로 예정되어 있다

W: Have you had your job interview yet?
M: No, it's **scheduled for Friday**.

여: 혹시 면접 보셨나요?
남: 아니요, 금요일로 예정되어 있습니다.

> **만점 TIP**
> • 관련 기출
> 「schedule A for + 일시」 A하는 일정을 ~로 잡다
> be scheduled to do ~할 예정이다

10 **appointment**

- n. 약속, 예약

    W: Could I schedule my **appointment** with Dr. Roy for Friday?
    M: Sorry, he's busy that day.

    여: 로이 박사님과의 진료 예약을 금요일로 잡을 수 있을까요?
    남: 죄송하지만, 박사님은 그날 바쁘세요.

    만점 TIP
    • 관련 기출
      doctor's appointment 진료 예약
      dentist[dental] appointment 치과 예약
      lunch appointment 점심 약속
      make an appointment 만날 약속을 하다
      make an appointment with a doctor 진료 예약을 하다

11 **due + 일시**

- ~가 지불 기한인, ~이 마감 기한인

    W: This assignment is **due next week**.
    M: I'll get started right away.

    여: 이 과제는 다음 주가 마감입니다.
    남: 바로 시작하겠습니다.

12 **be due to + 동사원형**

- ~할 예정이다

    W: When's the safety inspector **due to visit** our factory?
    M: Wednesday, at the latest.

    여: 우리 공장에 안전 점검관이 언제 방문할 예정입니까?
    남: 늦어도 수요일입니다.

13 come up with

● ~을 생각해 내다, 떠올리다

W: Our current sales approach isn't yielding the results we want. We need to **come up with** a new strategy.
M: I agree. Let's set up a team meeting to discuss it further.

여: 우리의 현재 영업 방식은 우리가 원하는 결과를 내지 못하고 있어요. 새로운 전략을 생각해 낼 필요가 있어요.
남: 동의합니다. 팀 회의를 잡아서 그것에 대해 더 논의해 봅시다.

14 be done

● 마치다, 끝내다

W: Have you finished designing the book cover?
M: Not yet, but it's almost **done**.

여: 책 표지 디자인 끝내셨어요?
남: 아직이요, 하지만 거의 다 되었어요.

만점 TIP
• 관련 기출
  get A done A를 하다, A를 마치다

15 troubleshoot

● v. (컴퓨터의) 문제를 해결하다

W: The computer in the conference room isn't working. Could you come and **troubleshoot** the problem?
M: I'll be right there.

여: 회의실에 있는 컴퓨터가 작동하지 않습니다. 오셔서 문제를 해결해 주실 수 있나요?
남: 곧 가겠습니다.

¹⁶ figure out

● 알아내다, 파악하다

W: The garden plants look unhealthy.
M: I'll examine the irrigation system and try to **figure out** what the problem is.

여: 정원 식물들이 건강하지 않아 보입니다.
남: 관개 시스템을 조사해서 어떤 문제가 있는지 알아내겠습니다.

> **만점 TIP**
> · 관련 기출
>   find out ~을 발견하다, 알아내다

¹⁷ fundraiser

● n. 모금 행사

W: Would you like to purchase these limited-edition hats with your admission tickets? Our zoo is currently holding a **fundraiser** to help the local Animal Welfare Institute.
M: Oh, sure. I'll take two.

여: 입장권과 함께 이 한정판 모자를 구매하시겠어요? 저희 동물원에서는 현재 지역 동물복지 기관을 돕기 위한 모금 행사를 진행하고 있습니다.
남: 아, 그럼요. 두 개 살게요.

¹⁸ travel arrangements

● 여행 준비

W: How are your **travel arrangements** going for your vacation to Maui next month?
M: I already booked a room at a beachside resort, and I plan to rent a car to get around the island, too.

여: 다음 달 마우이로 떠나는 휴가 여행 준비는 어떻게 되어 가나요?
남: 이미 해변 리조트에 방을 예약했고, 차를 빌려서 섬을 돌아다닐 계획입니다.

> **만점 TIP**
> · 숙소 예약, 교통편 마련 등의 일을 통틀어 travel arrangements라고 합니다.

19 head

• v. ~을 이끌다, 책임지다

W: Who is **heading** the committee for the renovation?
M: Mr. Han is in charge.

여: 누가 보수작업 위원회를 이끌고 있나요?
남: 한 씨가 담당하십니다.

> **만점 TIP**
> • 관련 기출
> department head 부서장
> ☞ head가 명사로 쓰이면 '우두머리, 장'이라는 뜻입니다.

20 measure

measurement n. 측정, 치수

• v. ~의 치수를 재다, 측정하다

W: Is this sofa the right size for the living room?
M: I **measured** it twice.

여: 이 소파가 거실에 맞는 사이즈인가요?
남: 제가 두 번 쟀어요.

> **만점 TIP**
> • 관련 기출
> take some measurements 치수를 재다

21 be willing to + 동사원형

• 기꺼이 ~하다

W: Would you **be willing to give** the keynote speech at the conference?
M: Yes, I'd be happy to.

여: 학회에서 기조 연설을 해 주시겠어요?
남: 네, 그럼요.

22 **alternative**

● n. 대안

a. 대안의, 대체하는

W: With winter approaching, have you considered any indoor activities as an **alternative** to jogging?
M: Yes, I'm thinking about joining a yoga class.

여: 겨울이 다가오는데, 조깅에 대한 대안으로 실내 활동을 고려해 보셨나요?
남: 네, 저는 요가 수업을 들을까 생각 중입니다.

W: We can't use the meeting room right now because a different team is already in there. Do you have any **alternative** ideas?
M: How about we go to the tenth floor café area?

여: 이미 다른 팀이 들어가 있어서 회의실을 이용할 수가 없습니다. 다른 대안이 없을까요?
남: 10층 카페 구역으로 가는 건 어떨까요?

만점 TIP

• 관련 기출

propose[offer] an alternative 대안을 제시하다
take an alternative[alternate] route 다른 길로 가다
alternative energy 대체 에너지

23 **performance**

● n. 업무 성과

M: You deserve the promotion. You consistently receive outstanding **performance** reviews from other staff members.
W: Thank you for your kind words.

남: 당신은 승진할 자격이 있어요. 다른 직원들로부터 꾸준히 우수한 성과 평가를 받고 있잖아요.
여: 친절한 말씀 감사합니다.

만점 TIP

• 사람에 대해 쓰이면 '성과', 기기에 대해 쓰이면 '성능'이라는 뜻이 됩니다. 더불어, '공연'이라는 뜻으로도 쓰인다는 것을 알아 두세요.

24 be supposed to + 동사원형

● ~하기로 되어 있다

W: How is the production schedule looking, Beatrice?
M: We **were supposed to start** filming tomorrow, but we're still waiting on some camera equipment to come in, so we might have to postpone it.

여: 베아트리스, 제작 일정이 어떻게 되어 가나요?
남: 내일부터 촬영을 시작하기로 했는데, 아직도 카메라 장비가 들어오기를 기다리고 있어서 미뤄야 할 것 같아요.

25 reach out to + 사람

● ~에게 연락하다

W: I **reached out to** the illustrator about creating an album cover design for us, but I haven't heard back yet.
M: Let's give her a few more days.

여: 일러스트 작가에게 앨범 커버 디자인 제작에 관련해 연락을 했는데, 아직 아무 연락이 없네요.
남: 며칠만 더 시간을 줍시다.

26 see if
see whether

● ~인지 알아보다

W: Wasn't Paul going to join us for lunch?
M: Yes, I'll **see if** he's ready.

여: 폴이 우리와 점심을 같이 하는 거 아니었나요?
남: 맞아요, 그가 준비 되었는지 알아볼게요.

27 cater

v. 업체를 통해 (행사 등에) 음식을 공급하다

W: Instead of eating at a restaurant for our team
dinner, why don't we rent out a space for the
evening and **cater** some food?
M: That's a good idea!

여: 회식 때 식당에서 저녁을 먹지 말고 밤에 공간을 빌려 출장 음식 공
급업체에 시키는 게 어때요?
남: 그거 좋은 생각이군요!

> **만점 TIP**
> • 관련 기출
> cater the event 행사에 음식을 공급하다
> catering (행사·연회 등을 대상으로 하는) 음식 공급
> caterer 출장 음식 공급 업체

28 be about to + 동사원형

막 ~하려던 참이다

W: Do you mind reviewing this document for me?
M: I **was** just **about to head** home.

여: 이 문서 좀 검토해 주시겠어요?
남: 지금 막 집에 가려던 참이었어요.

> **만점 TIP**
> • head는 '~로 향하다'라는 뜻의 동사로도 쓰입니다.
> I'm heading to the airport. 나는 공항으로 가는 중이야.

29 be concerned that

~에 대해 걱정하다

W: Should we take a taxi or ride the bus to the
conference?
M: I'm **concerned that** if we take the bus, we might
be late.

여: 회의장까지 택시를 타고 갈까요, 아니면 버스를 타고 갈까요?
남: 버스를 타면 늦을 것 같아서 걱정입니다.

30 go ahead with

● ~을 진행시키다

W: Have we received all the summer clothing
inventory for sale? I'm wondering if it's okay to
begin planning our store layout.
M: Yes, we have all the new merchandise, so you can
go ahead with the setup.

여: 우리가 세일용 여름 의류 제품 재고품을 다 받았나요? 매장 배치 계
획을 세워도 될지 궁금해서요.
남: 네, 신제품이 다 준비되어 있으니 배치를 진행하시면 됩니다.

> **만점 TIP**
> • 관련 기출
> proceed with ~을 진행시키다

31 That's a relief.

● 그거 다행이네요.

W: I was able to submit our finalized project proposal
before the deadline.
M: **That's a relief.** I thought it would take us much
longer!

여: 마감기한 전에 최종 프로젝트 제안서를 제출할 수 있었습니다.
남: 그거 다행이네요. 시간이 훨씬 더 걸릴 줄 알았는데요!

32 reception desk

● 접수처, 안내 데스크(= front desk)

W: Can I get a map of the hotel's facilities at the
reception desk?
M: Of course you can. Just ask the receptionist.

여: 안내 데스크에서 호텔 시설 지도를 얻을 수 있나요?
남: 물론이죠. 안내 직원에게 요청하시면 됩니다.

> **만점 TIP**
> • receptionist(안내 데스크 직원)도 LC에 매우 자주 등장하는 어휘이므
> 로 함께 알아 두세요.

33 I'm afraid

● (부정적인 내용을 말할 때) ~인 것 같아요

W: I was considering cutting costs by reducing our marketing budget.

M: **I'm afraid** that's not going to work. Our marketing efforts are crucial for maintaining our customer base.

여: 마케팅 예산을 줄여서 비용을 절감하는 것을 고려하고 있었습니다.

남: 그건 안 될 것 같습니다. 고객 기반을 유지하기 위해서는 마케팅 활동이 매우 중요합니다.

만점 TIP

• 관련 기출

I'm afraid not. 유감스럽지만 그럴 수 없을 것 같아요.

34 down the hall/ street

● 복도/길 저쪽에

W: Where can I find the closest pharmacy?

M: A new one just opened **down the street** from here.

여: 가장 가까운 약국은 어디에서 찾을 수 있나요?

남: 여기서 길 저쪽에 새로운 곳이 막 문을 열었어요.

35 leave for the day

● 퇴근하다

W: When does the cleaning staff **leave for the day**?

M: They typically finish at around 6 PM.

여: 청소부원들은 언제 퇴근하나요?

남: 보통 오후 6시쯤에 끝납니다.

36 I wish I could.

● 그럴 수 있으면 좋겠네요.

W: I need to assemble 50 boxes today. Could you perhaps help me out?

M: **I wish I could**, but I'm a bit busy right now.

여: 오늘 50박스를 조립해야 해요. 혹시 도와주실 수 있나요?

남: 저도 그러고 싶지만, 지금 좀 바빠요.

37 That makes sense.

- 말이 되네요. 이치에 맞네요.

W: The outdoor workshop got postponed to next Thursday.
M: That makes sense. I heard a storm is going to pass through tomorrow.

여: 야외 워크숍이 다음 주 목요일로 연기되었습니다.
남: 그럴 만도 해요. 내일 폭풍이 지나간다고 하던데요.

38 It depends on + 명사

- ~에 따라 다르다

W: How soon can we initiate the research project?
M: Well, it depends on the availability of government funding. The anticipated cost estimate may be too high.

여: 연구 프로젝트를 얼마나 빨리 시작할 수 있을까요?
남: 글쎄요, 정부 지원금의 이용 가능성에 따라 달라요. 예상되는 비용이 너무 클 수도 있어서요.

39 be up to + 사람

- ~에게 달려 있다

W: I've heard rumors about the company's expansion plans. Any idea when we'll get a confirmation?
M: It'll be up to board members to decide. They're meeting next week to discuss it further.

여: 회사 확장 계획에 대한 소문을 들었습니다. 언제쯤 확정될까요?
남: 결정은 이사회 구성원들에게 달려 있습니다. 다음 주에 회의를 해서 더 논의할 예정이라고 합니다.

40 buy one, get one free

- 1+1, 하나를 사면 하나를 더 주는 판매 방식

W: Hi, are these granola bars buy one, get one free?
M: Yes! If you buy one box of any flavor, you can get another one for free.

여: 안녕하세요, 이 그래놀라 바는 원 플러스 원인가요?
남: 네! 어떤 맛이든 한 박스를 구매하시면 무료로 한 박스 더 드립니다.

DAILY QUIZ

단어와 그에 알맞은 뜻을 연결해 보세요.

1   fundraiser •   • (A)   통근

2   commute •   • (B)   모금 행사

3   alternative •   • (C)   대안

빈칸에 알맞은 단어를 선택하세요.

4   Who'll be ------- to lead the marketing team?
누가 마케팅 팀을 이끄는 업무를 맡게 될까요?

5   I'm ------- that if we take the bus, we might be late.
버스를 타면 늦을 것 같아서 걱정입니다.

(A) willing
(B) assigned
(C) concerned
(D) due

6   This assignment is ------- next week.
이 과제는 다음 주가 마감입니다.

음원을 듣고 질문에 어울리는 응답을 고르세요. 🎧

7   (A)   (B)   (C)

8   (A)   (B)   (C)

1 **require**

required a. 필수의
requirement n. 요구 조건, 필수
요건

● 요구하다, 필요로 하다

기출 be **required** to attend
참석하는 것이 요구되다

be **required** for online orders
온라인 주문을 위해 필요하다

Employees are ------- to submit travel expense reports
for business trips.

(A) acquired　　　　　　(B) required

2 **submit**

submission n. 제출(물)

● 제출하다

기출 **submit** an application to ~에게 지원서를 제출하다
be **submitted** by mail 우편으로 제출되다

If you are interested in joining Colleen Cosmetics,
please ------- your résumé to the company's head
office.

(A) submit　　　　　　(B) propose

3 **include**

including prep. ~을 포함하여
inclusive a. 포함된, 포괄적인

● 포함하다

기출 **include** a service agreement
서비스 계약을 포함하다

include one's account number
계좌번호를 포함하다

Please be sure to ------- your e-mail address when
registering for the upcoming technology convention.

(A) include　　　　　　(B) extend

4 **approve**

approval n. 승인

- 승인하다

  기출 **approve** a plan to do
  ~하려는 계획을 승인하다

  be **approved** by the HR department
  인사부에 의해 승인되다

  Renovation of the hotel's reception area will begin
  once the owner has ------- the design.

  (A) persuaded　　　(B) approved

5 **announce**

announcement n. 발표, 공지

- 발표하다, 알리다

  기출 **announce** that ~라고 발표하다

  announce the appointment of ~의 임명을 알리다

  Company founder Tim Jeffries is going to ------- his
  decision to retire during the year-end banquet.

  (A) interfere　　　(B) announce

6 **ensure**

- 보장하다, 확실히 하다

  기출 to **ensure** that ~라는 것을 보장하기 위해

  Please ------- that all labels are printed correctly.

  (A) ensure　　　(B) apply

7 **expect**

expected a. 예상되는
expectation n. 기대, 예상

- 기대하다, 예상하다

  기출 be **expected** to increase
  증가할 것으로 기대되다

  do not **expect** any problems with
  ~에 어떠한 문제가 있을 것이라고 예상하지 못하다

  Because of the hot and sunny weather, this weekend's
  beach party is ------- to be busy.

  (A) completed　　　(B) expected

8 **deliver**

delivery n. 배송, 전달

● 배송하다, 전달하다

> 기출 **deliver** one's parcel on time
> 소포를 제시간에 배송하다
>
> **deliver** the invitation in person
> 초대장을 직접 전달하다

Customers can track their package on the Web site and see the approximate time that the driver will ------- the package.

(A) deliver   (B) observe

9 **expand**

expansion n. 확대, 확장
expanded a. 넓어진, 확장된

● 확대하다, 확장하다

> 기출 **expand** its delivery service into
> ~에까지 배송 서비스를 확대하다
>
> **expand** its customer base
> 자사의 고객층을 확장하다

Next year, Allenby Cereals Inc. will ------- its product range in order to attract more customers.

(A) select   (B) expand

10 **improve**

improvement n. 향상, 개선

● 향상시키다, 개선시키다

> 기출 **improve** an applicant's chances of being hired
> 지원자의 고용될 기회를 향상시키다
>
> **improve** the way we serve you
> 귀하에게 서비스를 제공하는 방식을 개선시키다

Having a qualification in marketing ------- an applicant's chances of being offered a job at our company.

(A) performs   (B) improves

11 respond

response n. 응답, 대응
responsive a. 반응하는

- 응답하다, 대응하다(to)

  기출 respond to all inquiries concerning
  ~에 관한 모든 질의에 응답하다

  respond to all customer complaints
  모든 고객 불만에 대응하다

  During the afternoon, the CS Manager often ------- to customer complaints by phone or by e-mail.

  (A) responds   (B) applies

12 participate

participating a. 참가하는
participant n. 참가자

- 참가하다

  기출 participate in the charity event
  자선 행사에 참가하다

  be invited to participate
  참가하도록 요청받다

  Over five thousand shoppers were asked to ------- in a short customer survey at Redmond Department Store last month.

  (A) write   (B) participate

13 recommend

recommendation n. 추천, 권
고

- (사람을) 추천하다, (~하도록) 권고하다

  기출 recommend A as a candidate
  A를 후보자로 추천하다

  recommend that all customers change their passwords
  모든 고객들에게 비밀번호를 바꾸도록 권고하다

  Ezerman Inc. board members ------- Ms. Farley for the promotion to the management team.

  (A) settled   (B) recommended

14 retain

- 보관하다, 유지하다

  기출 **retain** the receipt for one's records
  기록용으로 영수증을 보관하다

  retain a copy of all sales documents
  모든 판매 자료 사본을 보관하다

  The new company will ------- most of the previous company's branding and promotional materials.

  (A) retain   (B) practice

15 vary

variety n. 다양성
various a. 다양한

- 다르다, 다양하다

  기출 **vary** slightly
  약간 다르다

  vary according to
  ~에 따라 다양하다

  Customer opinions about Village Fashion's new clothing line ------- greatly among different age groups.

  (A) vary   (B) allow

16 operate

operation n. 운영, 작동
operational a. 가동 중인

- 운영되다, 운영하다, 작동하다

  기출 **operate** under the name of
  ~라는 이름으로 운영되다

  operate seven other plants
  7개의 다른 공장들을 운영하다

  The fast food company currently ------- over 250 restaurants in locations throughout North America.

  (A) serves   (B) operates

17 distribute

distributor n. 유통업체
distribution n. 배포, 유통, 분배

● 배포하다, 유통하다, 분배하다

기출 distribute the meeting materials
회의 자료를 배포하다

will be distributed to all employees
모든 직원들에게 분배될 것이다

Ms. Jameson asked us to ------- the flyers to shoppers in Westfield Mall.

(A) distribute   (B) relate

18 anticipate

anticipation n. 예상, 기대
anticipated a. 기대하던

● 예상하다, 기대하다

기출 mistakenly anticipate
잘못 예상하다

anticipate any supply shortage
어떠한 공급 부족이라도 발생할 것을 예상하다

The retirement of the CEO is ------- to be announced at a press briefing tomorrow.

(A) anticipated   (B) processed

19 assist

assistance n. 지원, 보조

● 돕다, 보조하다

기출 assist A to develop the necessary skills
A가 필수적인 기술들을 발전시키도록 돕다

assist A in managing accounts
A가 계좌를 관리하는 것을 보조하다

Greenchip Investment ------- entrepreneurs in starting up small businesses in the technology industry.

(A) assists   (B) attracts

20 install

installation n. 설치
installment n. 분할 (납부)

• 설치하다

기출 install solar panels
태양 전지판을 설치하다

will be **installed** automatically
자동으로 설치될 것이다

The stage at the concert hall was built two months ago, but the venue manager ------- the sound system only yesterday.

(A) installed   (B) entered

21 consult

consultation n. 상담, 참조
consultant n. 상담가, 자문 위원

• (사람에) 상담하다, (자료를) 참조하다

기출 consult with A
A와 상담하다

consult the manual
설명서를 참조하다

Please ------- Ms. Anderson's e-mail dated January 8 to check the date and time of your performance review.

(A) inquire   (B) consult

22 advise

advice n. 조언
advisor n. 고문
advisory a. 자문의

• 권고하다, (정식으로) 알리다, 조언하다

기출 be **advised** to check that
~라는 것을 확인하도록 권고되다

advise A of the changes
A에게 변경 사항에 대해 알리다

International travelers are ------- to arrive at the airport at least 3 hours before their departure time.

(A) advised   (B) criticized

23 **rely**

- 의존하다(on, upon)

  기출 **rely** on outside consultants
  외부 상담가들에 의존하다

  rely upon team leaders
  팀 리더들에 의존하다

  In the past, we ------- branch managers to provide health and safety training to employees.
  (A) relied on   (B) stated that

24 **obtain**

- 얻다, 획득하다

  기출 **obtain** a free quote
  무료 견적을 얻다

  obtain a commercial driver's license
  사업용 운전 면허를 획득하다

  King Taco workers can ------- replacements for work uniforms by visiting the personnel office.
  (A) obtain   (B) apply

25 **replace**

replacement n. 교체, 후임

- (사물을) 교체하다, (사람을) 대체하다

  기출 **replace** our current e-mail system
  우리의 현 이메일 시스템을 교체하다

  need to be **replaced** because
  ~ 때문에 교체되어야 하다

  A spokesperson for Maitland Engineering stated that Barbara Smalling will ------- Craig Stevens as the HR director.
  (A) replace   (B) connect

26 revise

revision n. 수정, 개정
revised a. 수정된, 개정된

● 수정하다, 개정하다

기출 be asked to revise the report
보고서를 수정하도록 요청받다

revise the dress code
복장 규정을 개정하다

The COO has recently decided to ------- the company's returns and exchanges policy.

(A) refer   (B) revise

27 notify

notification n. 알림, 통지

● 알리다, 통지하다

기출 notify the catering coordinator
케이터링 담당자에게 알리다

will notify you as soon as your item is ready
귀하의 물건이 준비되는 대로 통지할 것이다

Please ------- Ms. Richards that her reservation of the third floor meeting room has been approved.

(A) present   (B) notify

28 seek

● ~을 찾다, 구하다

기출 seek experienced and motivated managers
경험 많고 의욕적인 관리자들을 찾다

seek advice about the regulation
규제에 대해 조언을 구하다

In order to compete with rival firms, Estro Inc. must ------- new ways to target customers in the 25-35 age range.

(A) seek   (B) focus

29 **establish**

establiahed a. 자리를 확고히 잡은, 인정받는

establishment n. 설립, 기관

● 설립하다, 확립하다

기출 **establish** a new office in Japan
일본에 새로운 사무실을 설립하다

Having just ------- a new branch office in Milan, Romeo Fashion hopes to make a big impact in the European market.

(A) established   (B) enforced

30 **recognize**

recognizable a. 알아볼 수 있는

recognition n. 인정, 인지, 표창

● (공로 등을, 사실임을) 인정하다, 인지하다

기출 **recognize** innovation in the field of
~의 분야에서의 혁신을 인정하다

be frequently **recognized** as a company that
~인 회사로서 자주 인지되다

Mr. Drake will be ------- for his innovative designs when he is awarded the prestigious award later this month.

(A) recognized   (B) permitted

31 **determine**

determination n. 결정, 결심

determined a. 확고한

● 확정하다, 결정하다, 알아내다

기출 **determine** that all problems were solved
모든 문제가 해결되었음을 확정하다

determine the appropriate size for
~을 위한 적절한 크기를 알아내다

Engineers are still trying to ------- the most efficient way to strengthen the foundations of Selway Bridge.

(A) resolve   (B) determine

32 fill

- 채우다

  기출 will be **filled** by the shipping department
  운송부에 의해 채워질 것이다

  Centracorp has four open technical support positions that we hope to ------- by the end of the month.
  (A) fill　　　　　　　(B) inform

33 attract

attraction n. 매력, 명소

- 끌어들이다

  기출 **attract** large crowds
  큰 규모의 관중을 끌어들이다

  attract tourists to the city
  관광객들을 그 도시로 끌어들이다

  With the temperatures soaring this week, many local stores are offering free refreshments to ------- shoppers.
  (A) attract　　　　　　(B) await

34 predict

predictable a. 예측할 수 있는
prediction n. 예측, 예언

- 예측하다, 예상하다

  기출 **predict** an increase in
  ~의 증가를 예측하다

  Property market experts ------- that house prices in major cities will continue to rise over the next five years.
  (A) represent　　　　　(B) predict

35 implement

implementation n. 시행, 실행

- 시행하다, 실행하다

기출 implement a new policy
새로운 정책을 시행하다

implement a recycling program
재활용 프로그램을 실행하다

The new protocols were ------- to ensure the safe disposal of waste from Markton Production's manufacturing plant.

(A) implemented   (B) occupied

36 assign

assignment n. 배정, 과제

- 배정하다, 할당하다

기출 be assigned accounts to manage
관리할 계정들을 배정받다

New recruits undergo a three-month training and probation period before they are ------- full-time positions.

(A) assigned   (B) received

37 arrange

arrangement n. 준비, 약속

- 준비하다, 계획하다

기출 arrange transportation
교통편을 준비하다

be arranged for A
A를 위해 계획되다

Ms. Kowalski will ------- for Mr. Timmins to tour the new production facility early next month.

(A) arrange   (B) identify

38 exceed

- (한도를) 초과하다, (양을) 넘다

exceedingly ad. 극도로
excess n. 초과, 과잉
excessive a. 과도한

기출 exceed the weight limit
무게 제한을 초과하다

exceed one's expectations
기대치를 넘어서다

The Burwell MX5 sports car ------- 300 kilometers per hour and demonstrated exceptionally efficient gas mileage.

(A) processed   (B) exceeded

39 postpone

- 연기하다

기출 be postponed until December 15
12월 15일까지 연기되다

postpone the fundraising campaign
모금 캠페인을 연기하다

Due to certain design flaws, the release of our new product has been ------- until June 30.

(A) postponed   (B) confirmed

40 acquire

- (기업을) 인수하다, 획득하다

acquired a. 습득한, 후천적인
acquisition n. 인수

기출 recently acquired a company
최근에 회사를 인수했다

acquire enough points
충분한 포인트를 획득하다

Allen Health Foods Inc. recently ------- three warehouses as part of its efforts to expand its distribution network.

(A) acquired   (B) borrowed

DAILY QUIZ

단어와 그에 알맞은 뜻을 연결해 보세요.

1 expand •   • (A) (사람에) 상담하다, (자료를) 참조하다

2 consult •   • (B) 확대하다, 확장하다

3 assign •   • (C) 배정하다, 할당하다

빈칸에 알맞은 단어를 선택하세요.

4 ------- a plan to do
  ~하려는 계획을 승인하다

5 ------- innovation in the field of
  ~의 분야에서의 혁신을 인정하다

6 ------- a new policy
  새로운 정책을 시행하다

(A) recognize
(B) implement
(C) notify
(D) approve

앞서 배운 단어들의 뜻을 생각하면서, 다음 문제를 풀어보세요.

7 To ------- customer satisfaction, Miliano Department Store provides refunds and exchanges for any products purchased up to 30 days ago.

(A) appraise   (B) grant
(C) confirm   (D) ensure

8 If you are satisfied with the terms, sign both copies of the employment contract and ------- one of them to Mr. Ogilvie.

(A) reach   (B) submit
(C) yield   (D) alert

29

---

1 affect

● ~에 영향을 미치다

기출 will **affect** the sales of the vendors
판매사의 매출에 영향을 미칠 것이다

If your can of NutriKind Vegetable Juice is not shaken vigorously, it may ------- the taste of the beverage.
(A) affect   (B) assemble

---

2 accommodate

accommodation n. 숙박

● (요구, 조건 등을) 충족하다, (행사, 사람 등을) 수용하다

기출 **accommodate** the increasing demand
늘어나는 수요를 충족하다

accommodate parties of more than ten people
10명 이상의 단체를 수용하다

BTX Motors is developing hybrid vehicles to ------- the growing demand for vehicles with low energy consumption.
(A) accommodate   (B) experience

---

3 prevent

prevention n. 예방
preventive a. 예방의, 예방을 위한

● 예방하다, 막다

기출 **prevent** damage in shipping
배송 중 손상을 예방하다

prevent A from -ing
A가 ~하는 것을 막다

Supervisors should ------- employees from taking excessively long breaks unless it is deemed necessary.
(A) realize   (B) prevent

---

4 attribute

- ~의 원인, 탓으로 돌리다

  기출 attribute A to B
  A의 원인을 B로 돌리다

  be **attributed** to fierce competition
  치열한 경쟁 탓으로 돌려지다

  The advertising team at Jaguar Shoes ------- the low sales numbers to the sales division's lack of effort.

  (A) suggests   (B) attributes

5 donate

donation n. 기부
donor n. 기부자

- 기부하다

  기출 donate A to B
  A를 B에게 기부하다

  The director of *The Lone Ghost* has announced that he will ------- 20% of his earnings from the movie to low-income families.

  (A) consume   (B) donate

6 perform

performance n. 실행, 성과, 공
　　　　　　　연

- 수행하다, 실행하다

  기출 perform mandatory maintenance
  의무적인 유지보수 작업을 수행하다

  Our computer specialists are ready to ------- a variety of upgrades to keep our customers' machines operating optimally.

  (A) perceive   (B) perform

7 coordinate

coordination n. 조정, 조화

- 조정하다, 잘 어울리다

  기출 coordinate the activities of several departments
  여러 부서들의 활동을 조정하다

  In his current role, Mr. Hooper is responsible for ------- the projects of several departments.
  (A) coordinating   (B) intending

8 adjust

adjustment n. 조절, 조정
adjustable a. 조절할 수 있는

- 조절하다, 조정하다

  기출 adjust the height
  높이를 조절하다

  arrange for the deadline to be adjusted
  마감일이 조정되도록 준비하다

  In some circumstances, the front desk staff may be able to arrange for the check-out time to be -------.
  (A) reached   (B) adjusted

9 resolve

resolution n. 해결

- 해결하다

  기출 identify and resolve problems
  문제를 찾아 해결하다

  resolve customer problems
  고객 문제를 해결하다

  Ms. Kim's duties include responding to and ------- complaints from customers.
  (A) introducing   (B) resolving

10 acknowledge

acknowledgement n. 시인, 인정

- 수령을 확인하다, 인정하다

  기출 **acknowledge** receipt of the document
  문서의 수령을 확인하다

  I am writing this e-mail to ------- receipt of your application for the position.
  (A) acknowledge   (B) suggest

11 enhance

enhancement n. 향상, 강화

- 향상시키다, 강화하다

  기출 **enhance** the guest experience
  투숙객의 경험을 향상시키다

  enhance the landscape
  조경을 강화하다

  Lumoflow Technology's Super Bright Lighting is guaranteed to ------- any workspace.
  (A) enhance   (B) illustrate

12 negotiate

negotiation n. 협상, 협의

- 협상하다, 협의하다

  기출 be willing to **negotiate** 기꺼이 협상하다

  negotiate with the owner 소유자와 협의하다

  As the manager of the personnel department, Mr. Mackey will recruit new staff and ------- salaries with them.
  (A) negotiate   (B) assign

13 certify

certified a. 인증 받은, 공인된
certificate n. 인증서, 자격증
certification n. 인증, 증명

- 인증하다, 보증하다

  기출 **certify** that all specifications are met
  모든 사양을 충족하는 것을 인증하다

  After safety inspectors ------- that all requirements are met, the factory will begin production.
  (A) certify   (B) associate

Day 03

Part 5, 6 동사 ②

33

14 demonstrate

demonstration n. 시연, 입증

● 시연하다, 입증하다

기출 demonstrate how to use the program
그 프로그램을 사용하는 방법을 시연하다

demonstrate one's commitment
~의 헌신을 입증하다

Flight attendants must be able to ------- how to put on a life vest correctly.

(A) implement   (B) demonstrate

15 collaborate

collaborative a. 협력하는
collaboratively ad. 협력하여

● 협력하다

기출 collaborate with
~와 협력하다

collaborate on a study
한 연구에 대해 협력하다

Mr. Teale hopes to ------- more frequently with Ms. Easton now that their offices are located on the same floor.

(A) establish   (B) collaborate

16 finalize

finalized a. 마무리된, 완결된

● 마무리하다

기출 finalize the details of
~의 세부사항들을 마무리하다

finalize the decision
결정을 마무리하다

Ms. Hogg still has to ------- several details for the year-end party, such as the dinner menu and the entertainment.

(A) finalize   (B) treat

17 assess

assessment n. 평가

- 평가하다

  기출 **assess** the problems 문제들을 평가하다

  assess one's progress ~의 진척도를 평가하다

  The city of Lornten will send out plumbers to ------- the water supply problems that residents are experiencing.

  (A) assess   (B) distribute

18 surpass

- 능가하다, 뛰어넘다

  기출 **surpass** one's sales goals ~의 매출 목표를 능가하다

  The number of new subscribers this year has ------- the number projected back in January.

  (A) preceded   (B) surpassed

19 prohibit

prohibition n. 금지

- 금지하다

  기출 **prohibit** parking on the street
  거리에서의 주차를 금지하다

  be **prohibited** throughout
  ~ 전역에서 금지되다

  Visitors are reminded that flash photography is strictly ------- throughout the art gallery.

  (A) prohibited   (B) bothered

20 contain

- 포함하다

  기출 **contain** information on ~에 대한 정보를 포함하다

  Account passwords should not ------- easily guessable information such as birthdates.

  (A) differ   (B) contain

Day 03 | Part 5, 6 동사 ②

21 coincide

- 시점이 겹치다(with)

  기출 coincide with Mr. Smith's business trip
  스미스 씨의 출장과 시점이 겹치다

  coincide with the fair
  박람회와 시점이 겹치다

  The Chicago conference date conveniently ------- with
  Mr. Wilmore's meeting with a client in the city.

  (A) collaborates   (B) coincides

22 strive

- 노력하다

  기출 strive to maintain its position in the market
  시장에서 그 위치를 유지하도록 노력하다

  strive to recognize the achievement of
  ~의 성과를 인지하도록 노력하다

  Ms. Quincy always ------- to motivate her workers to
  meet their sales targets.

  (A) strives   (B) states

23 reveal

- 공개하다, 발표하다, (연구, 조사가) 결과를 보여주다

  기출 reveal the plan for
  ~을 위한 계획을 공개하다

  reveal a strong preference for SUVs over
  sedans
  세단보다 SUV에 대한 강력한 선호를 보여주다

  A recent study ------- that people who eat breakfast
  regularly tend to be healthier than those who skip
  breakfast.

  (A) admits   (B) reveals

24 **represent**

representative n. 직원, 대표

- 대표하다, 대변하다, 나타내다

기출 will **represent** the company in Canada
캐나다에서 회사를 대표할 것이다

represent a significant advance over
~에 비해 중대한 발전을 나타내다

Scientist Jill Goldstein will ------- Rapido Corporation at the environmental conference next week.

(A) represent   (B) compete

25 **argue**

argument n. 주장, 논리
arguably ad. 거의 틀림없이

- 주장하다

기출 Some critics **argue** that ~.
몇몇 비평가들은 ~라고 주장한다.

Some analysts ------- that the company's plan to expand into the automobile industry will fail.

(A) cite   (B) argue

26 **patronize**

patron n. (단골) 손님
patronage n. 단골 거래, 애용

- 단골로 이용하다

기출 be likely to **patronize** stores with
~을 가진 매장들을 단골로 이용할 것 같다

Market research indicates that customers are more likely to ------- stores that sell reliable products at reasonable prices.

(A) verbalize   (B) patronize

27 recover

recovery n. 회복, 복구

● 회복하다, 복구하다

기출 fully **recover** from the economic difficulties
경기 불황에서 완전히 회복하다

The extent to which the firm has ------- from its financial difficulties will become clear over the next few weeks.

(A) endured   (B) recovered

28 evolve

evolution n. 진화

● 발전하다, 진화하다

기출 **evolve** from a small local band
지역의 작은 밴드에서 발전하다

evolve beyond the traditional role
전통적인 역할을 넘어 진화하다

The city has ------- beyond its traditional role as a stopover location into a major tourist destination.

(A) focused   (B) evolved

29 utilize

utilization n. 이용, 활용

● 이용하다, 활용하다

기출 be **utilized** throughout the process
과정 전반에 걸쳐 이용되다

Robot technology has been ------- in various sectors, such as the manufacturing and medical industries.

(A) utilized   (B) assembled

30 **prolong**

prolonged a. 장기적인, 오랜

- (기한을) 연장하다

기출 undergo regular maintenance to **prolong** the life of the vehicle
차량의 수명을 연장하기 위해 정기적인 유지보수를 받다

The device should always be turned off when not in use to ------- the life of battery.

(A) enlarge　　　　　(B) prolong

31 **alleviate**

alleviation n. 경감, 완화

- 경감하다, 완화하다

기출 do little to **alleviate** concerns about
~에 대한 우려를 경감하는 데 거의 도움이 되지 않다

in an effort to **alleviate** congestion
혼잡을 완화하려는 노력의 일환으로

The slight decrease in traffic congestion has done little to ------- concerns about the city's transportation systems.

(A) confiscate　　　　　(B) alleviate

32 **place**

placement n. 배치

- 배치하다, 놓다

기출 must be **placed** by March 18
3월 18일까지 배치되어야 하다

Please note that used batteries should be ------- in a clear plastic bag and left next to the recycle bin.

(A) declined　　　　　(B) placed

33 account

accounting n. 회계(학)
accountant n. 회계사
accountable a. 책임이 있는

● 설명하다(for)

기출 account for the increase in
~에서의 증가를 설명하다

The freezing temperatures ------- for the low turnout at today's outdoor music festival.
(A) account   (B) state

34 inform

information n. 정보
informative a. 유익한

● ~에게 알리다, 통지하다

기출 inform the building manager that
건물 관리인에게 ~라고 알리다

Please ------- the accounting department of your working hours before the end of the week.
(A) inform   (B) invite

35 undergo

● 겪다, 경험하다

기출 undergo renovations 보수공사를 겪다
undergo a full review 완전한 검토를 경험하다

Daisy Restaurant will be ------- extensive remodeling as it seeks to attract more diners.
(A) dealing   (B) undergoing

36 enlarge

● 확장하다

기출 a plan to enlarge the sales division
영업부를 확장하는 계획

The CEO recently announced a proposal to ------- the company's human resources department.
(A) enlarge   (B) declare

37 remain

remaining a. 남아 있는
remainder n. 나머지

- (~인 상태를) 유지하다, 남다

기출 remain the same
같은 상태를 유지하다

remain the top holiday destination
최고 휴양지의 입지를 유지하다

Despite the considerable growth in sales this quarter, Magenta Electronics' profits have ------- the same.

(A) raised   (B) remained

38 appoint

appointed a. 임명된, 예정된
appointment n. 임명, 약속

- 임명하다

기출 appoint a new financial manager
신임 재무부장을 임명하다

be appointed as
~로 임명되다

The board of directors has ------- Mr. Lewinson as the new Chief Operations Officer, replacing retiring Mr. Simons.

(A) invested   (B) appointed

39 encourage

encouragement n. 격려, 권고

- 격려하다, 권고하다, 촉진하다

기출 encourage employees to submit ideas
직원들에게 아이디어를 제출하도록 격려하다

encourage a healthy lifestyle
건강한 생활방식을 권고하다

To ensure a spot at the training workshop, we ------- interested individuals to register by Friday, April 16.

(A) encourage   (B) provide

40 monitor

monitoring n. 관찰, 감시

● 관찰하다, 감시하다

기출 monitor the temperature
기온을 관찰하다

monitor unplanned expenditures
계획에 없던 지출을 감시하다

FitTek Inc. has developed a new range of
smartwatches that can ------- the heart rate and blood
pressure of wearers.

(A) monitor   (B) reserve

DAILY QUIZ

단어와 그에 알맞은 뜻을 연결해 보세요.

1 adjust •   • (A) 임명하다

2 appoint •   • (B) 대표하다, 대변하다, 나타내다

3 represent •   • (C) 조절하다, 조정하다

빈칸에 알맞은 단어를 선택하세요.

4 ------- the guest experience
  투숙객의 경험을 향상시키다

(A) argue
(B) certify
(C) enhance
(D) finalize

5 ------- that all specifications are met
  모든 사양을 충족하는 것을 인증하다

6 ------- the details of
  ~의 세부사항들을 마무리하다

앞서 배운 단어들의 뜻을 생각하면서, 다음 문제를 풀어보세요.

7 RJT Entertainment will relocate the Summer Sizzle Music Festival to Lawson Park to ------- the event's rise in popularity.

  (A) allocate   (B) provide
  (C) incapacitate   (D) accommodate

8 The state's transportation department has the right to ------- cycling in local parks.

  (A) prohibit   (B) ride
  (C) bother   (D) avoid

정답 1 (C) 2 (A) 3 (B) 4 (C) 5 (B) 6 (D) 7 (D) 8 (A)

1 meet the expectations

● 기대를 충족하다

기출 **meet** the needs of
~의 필요를 충족하다

meet the qualifications
자격요건을 충족하다

Despite an extensive marketing campaign, sales of the new Elba mobile phone did not ------- consumers' expectations.

(A) meet   (B) seem

2 institute a policy

● 정책을 도입하다

기출 **institute** a minimum fee for delivery
배달에 대한 최소 요금을 도입하다

Trinket Corporation has ------- a policy that provides financial incentives to boost worker morale in its offices.

(A) instituted   (B) proved

3 reduce expenses

● 비용을 줄이다

기출 **reduce** erosion 침식을 줄이다

reduce the volume of ~의 분량을 줄이다

SJ Electronics has ------- expenses by 30 percent after upgrading its fleet of vehicles.

(A) examined   (B) reduced

4 **lead a seminar**
- 세미나를 이끌다

  기출 lead a tour of ~의 견학을 이끌다

  lead the company 회사를 이끌다

  Bob Mitchell, the call center manager, will ------- a seminar on customer service next Wednesday.

  (A) lead   (B) charge

5 **indicate a preference**
- 선호도를 나타내다, 표시하다

  기출 indicate a need to do ~할 필요성을 나타내다

  indicate one's height ~의 키를 표시하다

  The comments on the feedback forms ------- a high preference for vegan-friendly dishes on our menus.

  (A) advise   (B) indicate

6 **extend an offer**
- 제안하다

  기출 extend the service contract 서비스 계약을 연장하다

  extend the warranty 보증기간을 연장하다

  The company founder ------- an offer to all shareholders to take a tour of the new factory.

  (A) extended   (B) assigned

7 **reject a proposal**
- 제안을 거절하다

  기출 reject the claim 주장을 거절하다

  reject a plan 계획을 거절하다

  Because of the large number of advance ticket sales, Ms. Potter ------- a proposal to postpone the music festival.

  (A) inquired   (B) rejected

8 attend the training session

- 교육 시간에 참석하다

  기출 **attend** the meeting
  회의에 참석하다

  attend development seminars
  개발 세미나에 참석하다

  All new recruits must ------- the training session before reporting to their respective department managers.
  (A) attend   (B) invite

9 accept applications

- 지원서를 받다

  기출 **accept** telephone cards 전화 카드를 받다

  accept assistance 도움을 받다

  accept bids 입찰을 받다

  Biosense Inc. is now ------- applications for the research scientist position at its laboratory.
  (A) accepting   (B) running

10 renew an agreement

- 약정을 갱신하다

  기출 **renew** a contract
  계약을 갱신하다

  renew your membership
  귀하의 회원권을 갱신하다

  renew your subscription
  귀하의 구독을 갱신하다

  Mizeno Graphic Design has decided to ------- an agreement with Rocco Corporate Catering.
  (A) proceed   (B) renew

11 confirm an appointment

- 예약을 확정하다

  기출 confirm a patient's prescription
  환자의 처방을 확정하다

  confirm receipt of the invoice
  송장의 수령을 확정하다

  Please ------- your appointment by phone or e-mail
  before arriving at Riddick Health Clinic.

  (A) confirm   (B) remind

12 undergo restructuring

- 구조조정을 하다

  기출 undergo a committee review 위원회 검토를 하다
  undergo renovations 보수공사를 하다

  Ealing Publishing Co. will ------- restructuring in order
  to improve its productivity.

  (A) resupply   (B) undergo

13 improve a chance

- 기회를 향상시키다

  기출 improve sales results 영업 결과를 향상시키다
  improve work conditions 근무 조건을 개선하다

  Being fluent in at least two languages ------- the
  chances of being hired by Royston Travel Agency.

  (A) improves   (B) achieves

14 deserve high-quality service

- 높은 품질의 서비스를 받을 자격이 있다

  기출 deserve a promotion 승진할 자격이 있다

  Whether flying in economy or first class, Alpine
  Airlines passengers ------- high-quality service.

  (A) satisfy   (B) deserve

Day 04 | Part 5, 6 동사 + 명사 콜로케이션

15 review the manuals

- 설명서를 검토하다

  `기출` **review** the enclosed instructions
  동봉된 설명서를 검토하다

  review proposals
  제안서를 검토하다

  To avoid any confusion, all users should ------- the manuals before they start the program.

  (A) decide　　　　　(B) review

16 express appreciation

- 감사를 표하다

  `기출` **express** concern
  우려를 표하다

  express interest
  관심을 표하다

  At the charity fundraising event, several organization members ------- their appreciation for Mr. Donaldson's generous donation.

  (A) expressed　　　　　(B) thanked

17 resolve problems

- 문제를 해결하다

  `기출` **resolve** scheduling conflicts
  일정 충돌을 해결하다

  resolve the matter
  사안을 해결하다

  The customer service team at Spritz Department Store are trained to ------- problems promptly and efficiently.

  (A) set　　　　　(B) resolve

18 demonstrate the capability

- 능력을 보여주다

  기출 demonstrate the method of
  ~의 방법을 보여주다

  demonstrate its commitment to
  ~에의 헌신을 보여주다

  Engineers from Dayatsu Motors will ------- the capabilities of their new luxury sedan at the upcoming International Auto Show.

  (A) tolerate   (B) demonstrate

19 sign an agreement

- 약정에 서명하다

  기출 sign a 12-month lease
  12개월 임대계약에 서명하다

  sign an employment contract
  고용계약에 서명하다

  Next Thursday, the chief operating officers of both firms will ------- an agreement about the joint venture.

  (A) inform   (B) sign

20 expedite the process

- 처리를 신속하게 하다

  기출 expedite Mr. Yoon's order
  윤 씨의 주문을 신속하게 처리하다

  To ------- the process, simply click on express shipping on the checkout Web page.

  (A) expedite   (B) acquire

21 address the issue • 문제를 다루다

기출 address concerns about budget proposals
예산안에 대한 우려를 다루다

address customer requests
고객 요청사항을 처리하다

Mr. Barnes will make himself available between 1 PM and 4 PM today to ------- the issue regarding the new wage structure.

(A) address   (B) allow

22 use electronic devices • 전자기기를 사용하다

기출 use vacation days
휴가를 사용하다

use the alternate route
대체 경로를 이용하다

The number of restaurants which ------- electronic devices for taking orders is increasing.

(A) use   (B) show

23 authorize payment • 지불을 허가하다

기출 authorize the final budget
최종 예산안을 허가하다

authorize improvements to
~의 개선을 허가하다

The branch manager will ------- the payment once the necessary documentation is submitted and reviewed.

(A) remind   (B) authorize

24 observe safety regulations

- 안전 규정을 준수하다

  기출 observe the safety instructions
  안전 지시를 준수하다

  Please ------- safety regulations when operating the new assembly line machinery to ensure a secure work environment.

  (A) observe   (B) comply

25 assume the title of

- ~의 직함을 달다

  기출 assume responsibility for organizing seminars
  세미나를 기획하는 것에 대한 책임을 떠맡다

  assume the ownership of
  ~의 소유권을 취하다

  Ms. Tebbitt will ------- the title of marketing director after Mr. Lomas retires in September.

  (A) assume   (B) become

26 earn a reputation

- 평판을 얻다

  기출 earn the admiration of
  ~의 존경을 받다

  earn a degree
  학위를 받다

  earn a bonus
  보너스를 얻다

  Soleil Beach Resort ------- a reputation largely due to the wealth of activities and amenities it offers.

  (A) earned   (B) treated

27 settle a dispute

• 분쟁을 해결하다

기출 settle a disagreement
의견 차이를 해결하다

settle the account
거래를 청산하다

Ms. Jones ------- a dispute with her coworker after he
agreed to revise the project timeline.
(A) suggested   (B) settled

28 accelerate production

• 생산을 가속화하다

기출 accelerate the hiring process
채용 과정을 가속화하다

accelerate the completion of
~의 완성을 촉진하다

Workshop attendees will learn how to ------- the
production of electronic components using advanced
manufacturing methods.
(A) accelerate   (B) notify

29 enforce dress code

• 복장 규정을 시행하다

기출 enforce strict parking rules
엄격한 주차 규정을 시행하다

enforce a one-hour lunch policy
1시간 점심시간 정책을 시행하다

Repcon Corporation ------- a dress code to maintain a
professional appearance among its employees.
(A) obeys   (B) enforces

30 hold employment sessions

● 채용 설명회를 개최하다

기출 hold a career fair
취업 박람회를 개최하다

hold management meetings
경영진 회의를 개최하다

During the summer, Benning Enterprises ------- employment sessions to engage with potential candidates and answer their questions.

(A) holds   (B) waits

31 announce changes

● 변화를 알리다, 변경사항을 발표하다

기출 announce the planned expansion
계획된 확장을 알리다

announce the appointment of
~의 임명을 발표하다

The marketing department plans to ------- changes to the company's online advertising strategy.

(A) announce   (B) involve

32 submit requests

● 요청사항을 제출하다

기출 submit an energy-efficient design
에너지 효율적인 디자인을 제출하다

submit necessary documents
필요한 서류들을 제출하다

Apartment building tenants must ------- requests for private parking spaces by January 31.

(A) apply   (B) submit

Day 04 | Part 5, 6 동사+명사 콜로케이션

33 seek candidates • 후보자를 찾다

기출 **seek** experienced guides
경험이 많은 가이드들을 찾다

seek advice about the regulation
규제에 대한 조언을 구하다

We are ------- candidates for the sales representatives
role who are equally comfortable speaking with
customers over the phone as they are in person.

(A) seeking　　　　　　(B) urging

34 order office supplies • 사무용품을 주문하다

기출 regularly **order** new stocks
주기적으로 새로운 재고품을 주문하다

order the replacement parts
대체 부속품을 주문하다

Mr. Duvall will check the inventory before he -------
more office supplies.

(A) contains　　　　　　(B) orders

35 boost productivity • 생산성을 증진시키다

기출 **boost** Elex Motors' profits
엘렉스 모터스 사의 수익을 증진시키다

boost sales figures
매출을 신장시키다

To ------- productivity, Corona Landscaping intends
to upgrade its equipment and offer flexible working
hours.

(A) distribute　　　　　　(B) boost

36 assist firms

- 회사를 돕다

  기출 assist the efforts of aid organizations
  지원 기관들의 활동을 돕다

  assist technical research
  기술 연구를 돕다

  First Recruitment ------- firms in hiring skilled workers to fill a wide variety of roles.

  (A) assists   (B) allows

37 offer discounts

- 할인을 제공하다

  기출 offer a complete program
  완성된 프로그램을 제공하다

  offer a wide range of banking services
  다양한 은행 서비스를 제공하다

  Greenway Supermarket ------- discounts on a large range of products on the last Sunday of every month.

  (A) buys   (B) offers

38 include the account number

- 계좌번호를 포함하다

  기출 include a service agreement
  서비스 계약을 포함하다

  include the signed claim form
  서명된 배상 청구서를 포함하다

  Please be sure to ------- your account number whenever you contact customer support at Hitchens Bank.

  (A) include   (B) address

39 receive a promotion

● 승진하다

기출 **receive** an award
상을 받다

receive the updated files
업데이트된 파일을 받다

Mr. Royce ------- a promotion because of his outstanding achievements in the last quarter.

(A) received   (B) raised

40 take brochures

● 안내 책자를 가져가다

기출 **take** a walk
산책하다, 걷다

take a different route
다른 길로 가다

take thirty minutes
30분이 걸리다

Tour group members should ------- their brochures with them whenever they leave the bus.

(A) turn   (B) take

DAILY QUIZ

콜로케이션과 그에 알맞은 뜻을 연결해 보세요.

1   extend an offer   •   • (A) 예약을 확정하다

2   accept applications   •   • (B) 제안하다

3   confirm an appointment   •   • (C) 지원서를 받다

빈칸에 알맞은 단어를 선택하세요.

4   ------- concern
   우려를 표하다

5   ------- a 12-month lease
   12개월 임대계약에 서명하다

6   ------- the safety instructions
   안전 지시를 준수하다

> (A) observe
> (B) assume
> (C) express
> (D) sign

앞서 배운 콜로케이션들의 뜻을 생각하면서, 다음 문제를 풀어보세요.

7   Not being late for work ------- an intern's chances of being offered a full-time position with Adler Legal.

(A) accomplishes   (B) verifies
(C) performs   (D) improves

8   Because of potential commuting difficulties, Mr. Morgan ------- the proposals to relocate the company's headquarters to the suburbs.

(A) observed   (B) rejected
(C) proved   (D) worked

Day 04 | Part 5, 6 동사 + 명사 콜로케이션

정답 1 (B) 2 (C) 3 (A) 4 (C) 5 (D) 6 (A) 7 (D) 8 (B)

57

1 direct

❶ 특정인에게/장소에 보내다
→ **address**, **send**

❷ 지시하다, 이끌다
→ **instruct**, **guide**,
supervise

Please **direct** any questions or concerns you may have about our products, services, or policies to our customer support team, who are available to assist you promptly.

(A) address   (B) supervise

저희의 제품, 서비스 혹은 정책에 관해 질문이나 우려 사항이 있으실 경우, 여러분을 즉시 도울 수 있는 저희 고객 지원팀에 보내주세요.

2 slot

❶ 구멍, 틈
→ **hole**, **crack**

❷ 빈 자리, 빈 시간
→ **opening**

There are no more available **slots** left for that workshop on Tuesday, so I'll have to register you for the one on Wednesday instead.

(A) holes   (B) openings

화요일에 열리는 그 워크샵에는 더 이상 가능한 자리가 없어서, 대신 수요일에 있는 워크샵에 등록해 드리겠습니다.

3 appeal

❶ 간청하다
→ **ask**, **request**, **beg**

❷ 마음을 사로잡다
→ **attract**

Our hotel offers amenities that will **appeal** to guests of all ages, no matter where you are visiting from.

(A) request   (B) attract

저희 호텔은 어디서 방문하시는지에 관계없이 모든 연령대의 투숙객들의 마음을 사로잡을 편의시설을 제공합니다.

4 perform

❶ 공연하다
→ **play, be on stage**

❷ 수행하다
→ **carry out, complete, fulfill, conduct**

❸ 기능하다, 작동하다
→ **work, function**

● We were able to gather participants, <u>perform</u> the laboratory experiments, and produce insightful results within a week.

(A) play   (B) carry out

저희는 참가자들을 모집하고, 실험실 실험을 수행하고, 그리고 통찰력 있는 결과를 만들어 내는 것을 일주일 이내에 할 수 있었습니다.

5 resolution

❶ 해상도
→ **level of detail**

❷ 해결
→ **settlement**

❸ 결심
→ **decision, intention**

● To meet the demands of professional photographers, the new camera model boasts a special feature designed to enhance the <u>resolution</u> of captured images.

(A) level of detail   (B) decision

전문 사진작가들의 요구를 충족시키기 위해, 새로운 카메라 모델은 캡처된 이미지의 해상도를 향상시키도록 설계된 특별한 기능을 자랑합니다.

6 solid

❶ 단단한, 굳은
→ **hard, firm**

❷ 시간상 꼬박 계속되는
→ **constant**

❸ 확실한, 믿을 수 있는
→ **thorough, well-grounded, reliable**

● Harry sent me a <u>solid</u> business plan yesterday regarding our project launch. I think you'll be impressed by its quality, so I have attached it to this e-mail for your reference.

(A) constant   (B) thorough

해리 씨가 우리의 프로젝트 개시에 관해 믿을 수 있는 사업 계획을 어제 저에게 보내주었습니다. 당신이 그 우수함에 깊은 인상을 받을 것이라 생각해, 참고하실 수 있도록 그것을 이 이메일에 첨부했습니다.

7 occupy

❶ 공간을 차지하다
→ take up, fill

❷ 바쁘게 하다, 시간을 차지하다
→ keep busy

❸ 마음을 사로잡다
→ engage, capture

Although the majority of our space is <u>occupied</u> by long-term leases, we do offer a small selection of seasonal contracts with a minimum duration of three months.

(A) filled　　　　　(B) kept busy

비록 저희 공간의 대부분은 장기 임대로 채워져 있지만, 최소 3개월 기간의 계절 계약도 일부 제공하고 있습니다.

8 program

❶ 방송
→ show, broadcast

❷ 계획
→ plan

❸ (콘서트, 연극 등) 시간표, 일정 등을 담은 책자
→ schedule, timetable

If you'd like, we can create a customized exercise <u>program</u> that caters to your fitness goals. Here at Aries Health & Fitness, we even have a nutritionist on site that can provide dietary advice and consultation.

(A) broadcast　　　　　(B) plan

원하신다면, 저희는 귀하의 운동 목표들을 충족시킬 맞춤형 운동 프로그램을 만들 수 있습니다. 이곳 에리즈 헬스 앤 피트니스에는, 식단 조언과 상담을 제공할 수 있는 영양사도 현장에 있습니다.

9 instrumental

❶ 악기의
→ musical

❷ 기구의, 기계의
→ mechanical

❸ 도움이 되는, 중요한
→ helpful, essential

Our monthly team-building seminars have been an <u>instrumental</u> part of our company's culture because they help build trust among employees.

(A) mechanical　　　　　(B) essential

우리의 월별 팀 빌딩 세미나는 우리 회사 문화의 중요한 부분인데, 직원들 사이에 신뢰를 구축하는 데 도움이 되기 때문입니다.

10 status

❶ 지위, 명망
→ high rank

❷ 상황, 상태
→ condition

Is there a way for me to check the shipping **status** of my package? I could not find any information on your Web site.

(A) high rank   (B) condition

제 소포의 배송 상태를 확인할 수 있는 방법이 있을까요? 귀하의 웹 사이트에서는 어떤 정보도 찾을 수가 없습니다.

11 regular

❶ 정기적인, 규칙적인
→ periodic, habitual

❷ 일정한, 균일한
→ even, unchanging

❸ 일상적인, 평소의
→ usual, normal

As a security measure, the system automatically prompts users to reset their password on a **regular** basis.

(A) periodic   (B) unchanging

보안 조치의 일환으로, 그 시스템은 자동으로 이용자들이 정기적으로 그들의 비밀번호를 재설정하도록 유도합니다.

12 anticipate

❶ 예상하다
→ expect

❷ 고대하다
→ look forward to

I **anticipate** that over 100 people will attend the event, so we'll need to make sure to provide enough chairs for everyone.

(A) expect   (B) look forward to

저는 100명 이상의 인원이 그 행사에 참석할 것으로 예상하므로, 우리는 모두에게 충분한 의자가 제공되도록 확실히 할 필요가 있습니다.

13 assume

❶ 맡다, 떠맡다
→ undertake, accept, take on

❷ 추정하다
→ think, suppose

Having demonstrated expertise in financial management, Michael has now **assumed** the position of CFO, ensuring the company's financial stability.

(A) undertaken   (B) thought

재무관리에서의 전문성을 입증한 마이클 씨는 이제 회사의 재정 안정성을 보증할 재무 담당 최고 책임자 직책을 맡게 되었습니다.

14 capture

❶ 점유하다, 차지하다
→ gain, occupy

❷ (감정이나 분위기를) 포착하다, 담아내다
→ express, represent

❸ 마음을 사로잡다
→ attract

This sales report does not <u>capture</u> the full extent of our business's potential, but I hope that it offers helpful reference to how we operate.

(A) gain　　　　　(B) represent

이 매출 보고서가 우리 사업의 잠재성 전체를 담아내진 않지만, 우리가 어떻게 영업하는지에 대해 유용한 참고 자료를 제공하길 바랍니다.

15 plus

❶ 추가
→ addition

❷ 이점, 좋은 점
→ benefit

I believe that being a bilingual speaker is a <u>plus</u>, so I felt that my qualifications make me more than eligible for this position.

(A) addition　　　　　(B) benefit

저는 2개 국어 가능자라는 것이 이점이라고 생각해서, 제 자질들이 이 직책에 저를 매우 적합하게 만든다고 생각했습니다.

16 fashion

❶ 스타일, 외양
→ style, look

❷ 유행
→ vogue, trend

❸ 방식, 방법
→ manner

Please make sure that guests are lined up in an orderly <u>fashion</u> while waiting to enter the theater. We don't want anyone to get hurt.

(A) trend　　　　　(B) manner

손님들이 극장에 들어가기 위해 기다리는 동안 질서 있는 방식으로 줄을 서도록 해 주시기 바랍니다. 저희는 누구도 다치는 것을 원하지 않습니다.

17 conclude

❶ 결론을 내리다
→ **decide, believe**

❷ 끝나다, 마치다
→ **finish**

I expect the meeting to <u>conclude</u> before noon, since the chairman has an important lunch to attend.

(A) decide   (B) finish

의장님께서 참석하실 중요한 점심 식사가 있기 때문에, 저는 이 회의가 정오 전에는 끝날 것으로 예상합니다.

18 fit

❶ (일자리에) 적합하다, 어울리다
→ **match**

❷ 조정하여 맞추다, 끼우다
→ **adjust, lay, put in place**

❸ 의복 등이 꼭 맞다, 잘 어울리다
→ **be the right size**

Upon reviewing her résumé and background, it appears that her interests seem to <u>fit</u> our company's goals perfectly.

(A) match   (B) adjust

그녀의 이력서와 배경을 검토해보니, 그녀의 관심사가 우리 회사의 목표와 완벽하게 어울리는 것 같습니다.

19 serve

❶ 시중을 들다
→ **attend to**

❷ 음식을 제공하다
→ **cater, provide food**

❸ 일하다, 기능하다
→ **work, function**

The new community center is not only a space for cultural events but also aims at <u>serving</u> as a place for employment opportunities through various skill development programs.

(A) attending to   (B) functioning

새 지역 주민센터는 문화 행사를 위한 공간일 뿐만 아니라 다양한 역량 개발 프로그램을 통해 고용 기회를 얻기 위한 공간으로 기능하는 것도 목표로 합니다.

20 realize

❶ 현실화하다, 이루다
→ achieve

❷ 깨닫다
→ comprehend

I did not <u>realize</u> the importance of one's body language when giving a presentation. I will make sure to do a better job next time.

(A) achieve   (B) comprehend

저는 발표할 때의 보디랭귀지의 중요성을 깨닫지 못했어요. 다음번에는 좀 더 잘할 수 있도록 하겠습니다.

21 convey

❶ 나르다, 옮기다
→ transport, carry

❷ (생각·감정을) 전달하다
→ communicate, relay, pass on

In order to ensure smooth project execution, it is crucial for a project manager to <u>convey</u> expectations clearly to team members.

(A) transport   (B) communicate

원만한 프로젝트 수행을 보장하기 위해서는 프로젝트 책임자가 팀원들에게 기대하는 것을 명확하게 전달하는 것이 매우 중요합니다.

22 modest

❶ 겸손한
→ humble, shy

❷ 그다지 대단하지 않은, 보통의
→ small, ordinary, simple

I only have a <u>modest</u> amount of knowledge on the subject, so I believe it would be best to contact Ms. Jones, our accountant.

(A) shy   (B) small

저는 그 주제에 관해 보통 수준의 지식만을 가지고 있어서, 저희의 회계사인 존스 씨에게 연락하는 것이 가장 좋을 것이라고 생각합니다.

23 drop

❶ 떨어지다, 떨어뜨리다
→ fall

❷ 낮추다, 약해지다
→ lower

❸ 그만 두다
→ quit

Due to unforeseen financial constraints, Peter had no choice but to <u>drop</u> the class before the tuition refund deadline.

(A) fall   (B) quit

예상하지 못한 재정적인 제약으로 인해, 피터 씨는 수업료 환불 마감기한 전에 수업을 그만둘 수밖에 없었습니다.

24 deliver

❶ 배달하다
→ **bring**, **send**,
   transport

❷ 제공하다
→ **provide**

We <u>deliver</u> a wide range of laundry services to fit your various needs. Furthermore, no membership is needed to use our machines.

(A) send   (B) provide

저희는 여러분의 여러 필요사항을 충족하기 위해 다양한 세탁 서비스를 제공합니다. 게다가, 저희 기계를 사용하는 데 회원가입이 필요하지 않습니다.

25 put aside

❶ 무시하다, 제쳐놓다
→ **ignore**

❷ 나중에 쓰도록 따로 두다
→ **save up**

The lost and found box at the office is filled with various items that are frequently <u>put aside</u> or misplaced by forgetful employees.

(A) ignored   (B) saved up

사무실에 있는 분실물 보관함은 건망증이 있는 직원들에 의해 자주 제쳐지거나 제자리에 놓이지 않은 다양한 물품들로 채워져 있습니다.

26 redeem

❶ 상환하다, 변제하다
→ **pay**

❷ ~을 …로 바꾸다, 교환하다
→ **trade in**

❸ 보완하다, 상쇄하다
→ **compensate for**

Each time you accrue 1000 points, you can <u>redeem</u> the points for valuable discounts on your next purchase.

(A) compensate for   (B) trade in

여러분이 1000 포인트를 모을 때마다, 그 포인트를 다음 구입에 적용할 가치 있는 할인으로 바꿀 수 있습니다.

27 apply

❶ 신청하다, 지원하다 (for)
→ **put in**, **ask for**

❷ 쓰다, 적용하다 (to)
→ **use**, **exercise**,
   employ

Please make sure that the format I have outlined above is <u>applied</u> to all future reports. Otherwise, there might be a lack of consistency going forward.

(A) asked for   (B) used

제가 위에 개요를 서술한 이 형식이 향후 모든 보고서들에 적용될 수 있도록 해주시기 바랍니다. 그렇지 않으면, 앞으로 일관성이 부족해질 수도 있습니다.

28 allow

❶ 허락하다, 허용하다
→ give permission

❷ 가능하게 하다
→ make possible

The newly installed, indoor heated pool at the community center **allows** for swimming all year, making it a perfect spot to relax regardless of the weather outside.

(A) gives permission (B) makes possible

지역 복지관에 새로 설치된 실내 온수 수영장은 일년 내내 수영을 가능하게 하여, 그곳을 외부 날씨와 무관하게 휴식을 취할 수 있는 완벽한 장소로 만듭니다.

29 pose

❶ 위협·문제 등을 제기하다
→ present

❷ 자세를 취하다
→ model

Falling debris and unstable structures **pose** a risk for construction workers. Hard hats should be worn at all times.

(A) present (B) model

떨어지는 잔해와 불안정한 구조물들이 건설 작업자들에게 위험을 제기하고 있습니다. 항상 안전모를 착용해야 합니다.

30 stage

❶ 공연의 무대
→ platform

❷ 단계, 시기
→ phase, step

The first **stage** of construction has wrapped up well. We are now preparing to build the exterior of the building.

(A) platform (B) phase

건설 공사의 첫 번째 단계가 잘 마무리되었습니다. 저희는 이제 건물의 외부를 지을 준비를 하고 있습니다.

DAILY QUIZ

밑줄 친 단어와 가장 가까운 의미를 지닌 것을 고르세요.

1

> Our team can **perform** computer software installations for you in less than half an hour. Whether you need to set up a new program, update existing software, or troubleshoot installation issues, we have the expertise to get it done efficiently.

(A) entertain   (B) function

(C) complete   (D) fix

2

> Please check the temperature sensor on the machine at **regular** intervals to prevent it from overheating. If you need help with adjusting its settings, the technician's number is 555-1648.

(A) orderly   (B) customary

(C) periodic   (D) even

3

> The project was completed in a timely **fashion** with no delays, showcasing the team's efficiency and dedication. This accomplishment not only satisfied the client's expectations but also strengthened the team's reputation for reliability in the industry.

(A) form   (B) trend

(C) event   (D) manner

정답 1 (C) 2 (C) 3 (D)

MP3 바로듣기   강의 바로보기

LISTENING

• Part 2

1. Mark your answer.　(A)　(B)　(C)

2. Mark your answer.　(A)　(B)　(C)

3. Mark your answer.　(A)　(B)　(C)

4. Mark your answer.　(A)　(B)　(C)

5. Mark your answer.　(A)　(B)　(C)

6. Mark your answer.　(A)　(B)　(C)

7. Mark your answer.　(A)　(B)　(C)

8. Mark your answer.　(A)　(B)　(C)

9. Mark your answer.　(A)　(B)　(C)

10. Mark your answer.　(A)　(B)　(C)

• Part 5

11. Ms. Bendtner asked us to ------- the promotional flyers to shoppers in Grand Rapids Mall.

(A) distribute
(B) relate
(C) inquire
(D) continue

12. Mayor Larkin has opposed calls to ------- additional bus stops on Milton Avenue.

(A) embark
(B) install
(C) transport
(D) invest

13. Astro Gym members can ------- padlocks for their lockers by speaking with a front desk employee.

(A) obtain
(B) apply
(C) develop
(D) trade

14. If you brought in any unwanted clothing you plan to -------, please place it in the collection bin in the reception area.

(A) create
(B) assemble
(C) donate
(D) produce

15. Although the owner of the company would like you to start working no later than May 5, he may be willing to ------- if you have a valid reason.

(A) negotiate
(B) recommend
(C) ascertain
(D) contradict

16. Mr. Alphey will ------- how to update the customer database during the department meeting this afternoon.

(A) offer
(B) demonstrate
(C) attempt
(D) participate

17. Ergofit International manufactures office equipment and furnishings that ------- a healthy posture.

(A) anticipate
(B) encourage
(C) succeed
(D) deserve

18. Mitchum Business Solutions ------- its dress code on all members of staff, including part-time workers.

(A) follows
(B) limits
(C) prefers
(D) enforces

• Part 6

Questions 19-22 refer to the following letter.

Dear Ms. Lockhart,

19. ------- . I understand that we will meet in the dining hall of the Canton Hotel at one o'clock. In attendance will be our Marketing team, which includes Monty Warren and Martha Solomon. Regrettably, Michelle Goldberg will be unable to join us due to a scheduling **20.** -------.

We hope to discuss techniques for improving sales in the upcoming months and are eager to hear your ideas. I know that you have a wealth of experience, and I feel that our team can benefit hugely **21.** ------- your expertise. I am confident that we will be able to identify the strengths and weaknesses of our current strategy and create a plan that will help **22.** ------- our market share.

I look forward to our meeting and future correspondence.

Sincerely,

Samantha Kasten

19. (A) I would like to thank you for arranging my accommodation during my stay.
(B) Please proceed with the booking of a room for our upcoming meeting.
(C) We have many items to add to our sales meeting agenda.
(D) I am writing to confirm the details of our meeting scheduled for this Friday.

20. (A) conflict
(B) conflicts
(C) conflicting
(D) conflicted

21. (A) over
(B) from
(C) out of
(D) as

22. (A) grant
(B) suggest
(C) improve
(D) register

Questions 23-24 refer to the following e-mail.

To: ahayat@windfieldhotel.com
From: lhaines@fyrefly.com
Date: April 16
Subject: Reservation #458278
Attachment: Booking_confirmation.docx

Dear Ms. Hayat,

The booking confirmation for our hotel reservation (#458278) arrived today, and it includes a room with multiple queen beds, which we did not reserve. We only need three rooms while we are in Denver for the upcoming conference. I checked my company credit card balance, and it appears that we have been charged for four rooms. I assume you will cancel this part of our reservation, which one of your colleagues must have made in error. However, I'd like to know what must be done in order to remove the wrong charge from the credit card.

Regards,

Lincoln Haines
Fyrefly Corporation

---

23. The word "assume" in paragraph 1, line 5, is closest in meaning to

(A) collect
(B) suppose
(C) handle
(D) accept

24. What information does Mr. Haines request?

(A) How to extend a booking
(B) How to obtain a refund
(C) How to cancel a reservation
(D) How to make a payment

정답 및 해설 p.79

Week O3
정답 및 해설

DAILY QUIZ

7. When will the office renovation be completed?

(A) Not until the end of May.

(B) Yes, I just completed the form.

(C) It's on the fourth floor.

사무실 보수작업이 언제 완료되나요?

(A) 5월 말은 되어야 합니다.

(B) 네, 방금 서식을 작성했어요.

(C) 4층에 있어요.

어휘 renovation 보수 작업 complete ~을 완료하다 not until + 일시 ~는 되어야 하다 complete a form 서식을 작성하다

8. We need to come up with a new marketing strategy.

(A) Yes, I need to go shopping.

(B) It's on the market.

(C) There's a meeting scheduled for tomorrow.

우리는 새로운 마케팅 전략을 생각해 내야 합니다.

(A) 네, 저는 쇼핑을 다녀와야 해요.

(B) 시중에 판매되고 있어요.

(C) 회의가 내일로 예정되어 있어요.

어휘 come up with ~을 생각해 내다 strategy 전략 scheduled for + 일시 ~로 일정이 잡힌

표제어 문제 정답 및 해석

1. (B)	**2.** (A)	**3.** (A)	**4.** (B)	**5.** (B)
6. (A)	**7.** (B)	**8.** (A)	**9.** (B)	**10.** (B)
11. (A)	**12.** (B)	**13.** (B)	**14.** (A)	**15.** (A)
16. (B)	**17.** (A)	**18.** (A)	**19.** (A)	**20.** (A)
21. (B)	**22.** (A)	**23.** (A)	**24.** (A)	**25.** (A)
26. (B)	**27.** (B)	**28.** (A)	**29.** (A)	**30.** (A)
31. (B)	**32.** (A)	**33.** (A)	**34.** (B)	**35.** (A)
36. (A)	**37.** (B)	**38.** (B)	**39.** (A)	**40.** (A)

1. 직원들은 출장에 대한 출장비 보고서를 제출하는 것이 요구된다.

2. 콜린 코스메틱스 사에 합류하는 것에 관심이 있으시다면, 귀하의 이력서를 회사의 본사로 제출해주십시오.

3. 다가오는 기술 컨벤션에 등록하실 때, 귀하의 이메일 주소를 확실히 포함하시기 바랍니다.

4. 일단 소유주가 그 디자인을 승인하면 호텔의 접수 구역의 보수공사가 시작될 것이다.

5. 회사 창립자 팀 제프리 씨는 연말 연회 중에 은퇴하려는 결정을 발표할 예정이다.

6. 모든 상표들이 올바르게 인쇄되었는지 확실히 확인 해주시기 바랍니다.

7. 덥고 맑은 날씨 때문에, 이번 주말의 해변 파티는 붐빌 것으로 예상된다.

8. 고객들은 웹 사이트에서 그들의 소포를 추적할 수 있고, 배달 기사가 소포를 배송할 대략적인 시간을 볼 수 있다.

9. 내년에, 알렌비 시리얼 사는 더 많은 고객들을 끌어들이기 위해 자사의 제품 종류를 확대할 것이다.

10. 마케팅에서의 자격사항을 갖춘 것은 우리 회사에서 일자리를 제안받을 지원자의 기회를 향상시킵니다.

11. 오후 동안, 고객서비스 부장은 전화나 이메일로

고객불만을 종종 대응한다.

12. 오천 명이 넘는 쇼핑객들이 지난달 레드몬드 백화점에서 짧은 고객 설문조사에 참가하도록 요청받았다.

13. 에저만 사의 이사회 임원들은 관리팀에 팔리 씨를 승진 대상으로 추천했다.

14. 새로운 회사는 이전 회사의 브랜딩 및 홍보 자료의 대부분을 보관할 것이다.

15. 빌리지 패션의 새로운 의류 제품군에 대한 고객 의견은 다른 연령대 사이에서 매우 다양하다.

16. 그 패스트푸드 회사는 현재 북미 전역의 장소들에서 250개가 넘는 식당들을 운영한다.

17. 제임슨 씨는 우리에게 웨스트필드 몰의 손님들에게 전단지를 배포할 것을 요청했다.

18. 대표이사의 은퇴가 내일 언론 브리핑에서 발표될 것으로 예상된다.

19. 그린칩 인베스트먼트 사는 기술 업계에서 작은 규모의 업체들을 창업하는 사업가들을 돕는다.

20. 콘서트홀의 무대가 두 달 전 지어졌지만, 행사 장소 관리자는 음향 시스템을 어제서야 설치했다.

21. 귀하의 성과 평가 날짜 및 시간을 확인하시려면 1월 8일자의 앤더슨 씨의 이메일을 참조해주시기 바랍니다.

22. 국제선 여행객들은 출발시간 최소 3시간 전에 공항에 도착하는 것이 권고됩니다.

23. 과거에, 우리는 직원들에게 보건 안전 교육을 제공하는 것을 지점장들에게 의존했다.

24. 킹 타코 직원들은 인사부 사무실에 방문함으로써 작업복 교체품을 얻을 수 있다.

25. 메잇랜드 엔지니어링 사의 대변인은 바바라 스몰링 씨가 인사부장으로써 크레이그 스티븐스 씨를 대체할 것이라고 말했다.

26. 최고운영책임자는 최근 회사의 반품 및 교환 정책을 수정하기로 결정했다.

27. 리차드 씨에게 3층 회의실 예약이 승인됐다고 알려주시기 바랍니다.

28. 경쟁사와 경쟁하기 위해서는, 에스트로 사는 25세에서 35세 나이대의 고객들을 겨냥하는 새로운 방법을 찾아야 한다.

29. 밀라노에 새로운 지점을 설립하면서, 로미오 패션 사는 유럽 시장에 큰 영향을 미치기를 희망한다.

30. 드레이크 씨는 이번 달에 후반 명망 있는 상을 수상할 때 그의 혁신적인 디자인으로 인정받게 될 것이다.

31. 기술자들은 셸웨이 다리의 기반을 강화하기 위한 가장 효율적인 방법을 알아내기 위해 여전히 노력하고 있다.

32. 센트라코프 사는 월말까지 채우기를 희망하는 네 개의 기술 지원 일자리가 있습니다.

33. 이번 주의 치솟는 기온에, 많은 지역 매장들이 손님들을 끌어들이기 위해 무료 다과를 제공하고 있다.

34. 부동산 시장 전문가들은 주요 도시들의 주택 가격이 향후 5년 동안 계속 상승할 것으로 예측한다.

35. 새로운 의정서는 마크톤 프로덕션 사의 제조 공장에서의 폐기물의 안전한 처리를 보장하기 위해 시행되었다.

36. 신입사원들은 정규직을 배정받기 전에 3개월의 교육과 수습기간을 거친다.

37. 코왈스키 씨는 팀민 씨가 다음 달 초에 새로운 생산 시설을 견학할 수 있도록 준비할 것이다.

38. 버웰 사의 MX5 스포츠카는 시속 300 킬로미터를 넘어서며, 특히 효율적인 연비를 증명했다.

39. 특정 디자인의 결점으로 인해, 우리의 신제품 출시가 6월 30일까지 연기되었다.

40. 앨런 건강식품 사는 유통망을 확대하기 위한 일환으로, 최근 3개의 창고를 인수했다.

DAILY QUIZ

7.

해석 고객 만족을 보장하기 위해, 밀리아노 백화점은 최대 30일 이전까지 구매된 모든 제품에 대해 환불 및 교환을 제공한다.

해설 빈칸에는 빈칸 뒤에 제시된 customer satisfaction을 목적어로 가져 백화점이 환불 및 교환을 제공하는 목적을 나타낼 어휘가 필요하다. 따라서 환불과 교환을 제공하는 것은 고객 만족을 보장하기 위한 것이므로 '~을 보장하다, 확실히 하다'라는 의미의 (D)가 정답이다.

어휘 **up to** 최대 ~ 까지 **appraise** ~을 평가하다

grant ~을 승인하다, 인정하다 ensure ~을
보장하다, 확실히 하다

8.

해석 계약 조건에 만족하신다면, 고용 계약서 2부에
모두 서명하신 후, 1부를 오길비에 씨에게 제출
해 주시기 바랍니다.

해설 빈칸 뒤에 위치한 one of them은 언급된 2부
의 계약서 중 하나를 의미하고, 빈칸에는 계약서
에 서명한 후에 할 수 있는 일을 나타낼 어휘가
필요하므로 '~을 제출하다'를 뜻하는 (B)가 정답
이다.

어휘 term (계약서 등의) 조건, 조항 submit ~을
제출하다 yield (결과, 수익 등) ~을 내다,
산출하다 alert ~에게 알리다, 경고하다

Day 03 동사 ②

표제어 문제 정답 및 해석

1. (A)	2. (A)	3. (B)	4. (B)	5. (B)
6. (B)	7. (A)	8. (B)	9. (B)	10. (A)
11. (A)	12. (A)	13. (B)	14. (B)	15. (B)
16. (A)	17. (A)	18. (B)	19. (A)	20. (B)
21. (B)	22. (A)	23. (B)	24. (B)	25. (B)
26. (B)	27. (B)	28. (B)	29. (A)	30. (B)
31. (B)	32. (B)	33. (A)	34. (B)	35. (B)
36. (A)	37. (B)	38. (B)	39. (A)	40. (A)

1. 구입하신 누트리카인드 야채 주스 캔을 힘껏 흔들
   지 않는다면, 음료의 맛에 영향을 미칠 수도 있습
   니다.
2. 비티엑스 모터스 사는 에너지 소비가 적은 차량
   들의 증가하는 수요를 충족하기 위해 하이브리드
   차량들을 개발하고 있다.
3. 근무 책임자들은 반드시 필요하다고 여겨지는 경
   우가 아니면, 직원들이 지나치게 긴 휴식을 취하

지 못하도록 해야 한다.
4. 재규어 슈즈 사의 광고팀은 낮은 매출 수치를 영
   업부의 노력 부족 탓으로 돌렸다.
5. <고독한 유령>의 감독은 이 영화에서 얻은 수익
   의 20 퍼센트를 저소득층 가정에게 기부하겠다고
   발표했다.
6. 저희 컴퓨터 전문가들은 고객님들의 기기가 최적
   으로 작동되도록 하기 위해 다양한 업그레이드를
   수행할 준비가 되어 있습니다.
7. 그의 현재 직무에서, 후퍼 씨는 여러 부서들의 프
   로젝트를 조정하는 것에 책임이 있다.
8. 몇몇 상황에서는, 안내 데스크 직원이 체크아웃
   시간이 조정되도록 준비해드릴 수 있습니다.
9. 김 씨의 직무는 고객들의 불만에 응대하고 그것을
   해결하는 것을 포함한다.
10. 그 직책에 대한 귀하의 지원서를 수령했음을 알
    려드리고자 이 이메일을 씁니다.
11. 루모플로우 테크놀로지 사의 슈퍼 브라이트 조명
    은 어떤 작업환경도 향상시킬 것을 보장합니다.
12. 인사부장으로서, 맥키 씨는 새로운 직원들을 채용
    하고, 그들과 연봉을 협상할 것이다.
13. 안전 감사관들이 모든 필요조건을 충족한다고 보
    증한 이후에, 그 공장은 생산을 시작할 것이다.
14. 승무원들은 구명조끼를 올바르게 착용하는 방법
    을 시연할 수 있어야 한다.
15. 틸 씨는 이제 사무실이 같은 층에 위치하므로, 이
    스턴 씨와 더 자주 협력하기를 희망한다.
16. 호그 씨는 저녁식사 메뉴 및 오락 등과 같은 송년
    회의 여러 세부사항들에 대해 여전히 마무리를
    해야 한다.
17. 론튼 시는 주민들이 겪고 있는 수도 공급 문제를
    평가하기 위해 배관공들을 파견할 것이다.
18. 올해 신규 구독자 수가 지난 1월 계획했던 수치를
    뛰어넘었다.
19. 방문객들은 미술관 전 구역에서 플래시를 사용한
    사진 촬영이 엄격히 금지된다는 점에 유의하시기
    바랍니다.
20. 계정 비밀번호는 생년월일과 같은 쉽게 추측 가능
    한 정보를 포함해서는 안 된다.
21. 시카고 총회 일자가 편의상 윌모어 씨의 그 도시
    고객과의 회의 일자와 겹친다.

22. 퀸시 씨는 그녀의 직원들이 그들의 영업 목표를 달성할 수 있게 동기부여하도록 항상 노력한다.

23. 최근 연구는 아침을 정기적으로 먹는 사람들이 아침을 거르는 사람들보다 더 건강한 경향이 있다는 결과를 보여준다.

24. 과학자 질 골드스테인 씨가 다음 주 환경 총회에서 라피도 주식회사를 대표할 것이다.

25. 일부 분석가들은 자동차 산업으로 확장하려는 그 회사의 계획이 실패할 것이라고 주장한다.

26. 시장 조사는 고객들이 믿을 수 있는 제품을 합리적인 가격에 판매하는 가게들을 단골로 이용할 가능성이 더 있음을 보여준다.

27. 그 회사가 어느 정도로 경제 불황에서 회복했는지는 향후 몇 주간 분명해질 것이다.

28. 그 도시는 잠깐 들렀다 가는 전통적인 역할을 넘어 대규모 관광지로 발전했다.

29. 로봇 기술은 제조업 및 의료 산업과 같은 다양한 분야에서 활용되고 있다.

30. 그 기기는 배터리 수명을 연장하기 위해 사용하지 않을 때는 항상 전원이 꺼져있어야 한다.

31. 약간의 교통 체증 감소는 도시의 교통 체계에 대한 우려를 경감하는 데 거의 도움이 되지 않았다.

32. 사용된 배터리는 투명 비닐봉지에 담아서 재활용 쓰레기통 옆에 놓아두어야 하는 점을 유의해 주십시오.

33. 얼어붙을 것 같은 기온이 오늘의 야외 음악 축제 참가자 수가 저조한 이유를 설명한다.

34. 이번 주말 전에 자신이 근무한 시간을 회계부에 알려 주시기 바랍니다.

35. 데이지 레스토랑은 더 많은 식사 손님들을 끌어들이고자 광범위한 개조를 겪을 예정이다.

36. 대표이사는 최근 회사의 인사부를 확장하는 제안을 발표했다.

37. 이번 분기에 매출의 상당한 증가에도 불구하고 마젠타 전자의 수익은 같은 수준을 유지하고 있다.

38. 이사회는 퇴임하는 시몬스 씨를 대신해, 레윈슨 씨를 신임 최고운영자로 임명했다.

39. 교육 워크숍에 자리를 확실히 확보할 수 있도록, 관심 있는 분들은 4월 16일 금요일까지 등록하시기를 권고합니다.

40. 핏텍 사는 착용자의 심장박동과 혈압을 관찰할 수 있는 새로운 종류의 스마트워치들을 개발했다.

DAILY QUIZ

7.

해석 RJT 엔터테인먼트 사는 행사의 인기 상승을 수용하기 위해 여름 시즌 뮤직 페스티벌을 로슨 공원으로 옮길 것이다.

해설 빈칸 이하 부분은 행사 장소를 옮긴 이유를 나타내야 하는데, 인기 상승과 관련해 취할 수 있는 조치를 나타내기에 적절한 어휘가 필요하므로 '~을 수용하다'라는 뜻인 (D)가 정답이다.

어휘 **relocate A to B** A를 B로 옮기다, 이전하다 **allocate** ~을 할당하다 **incapacitate** ~을 무력화하다 **accommodate** ~을 수용하다, 충족하다

8.

해석 그 주의 교통국은 지역 공원에서 자전거를 타는 것을 금지할 권리를 가지고 있다.

해설 빈칸에는 교통국이 지역 공원에서 자전거를 타는 것에 대해 행할 수 있는 권리를 나타낼 어휘가 필요하므로 '~을 금지하다'의 뜻인 (A)가 정답이다.

어휘 **cycling** 자전거 타기 **prohibit** ~을 금지하다 **bother** ~을 신경 쓰다

Day 04 동사 + 명사 콜로케이션

표제어 문제 정답 및 해석

1. (A)	2. (A)	3. (B)	4. (A)	5. (B)
6. (A)	7. (B)	8. (A)	9. (A)	10. (B)
11. (A)	12. (B)	13. (A)	14. (B)	15. (B)
16. (A)	17. (B)	18. (B)	19. (B)	20. (A)
21. (A)	22. (A)	23. (B)	24. (A)	25. (A)
26. (A)	27. (B)	28. (A)	29. (B)	30. (A)
31. (A)	32. (B)	33. (A)	34. (B)	35. (B)
36. (A)	37. (B)	38. (B)	39. (A)	40. (B)

1. 광범위한 마케팅 캠페인에도 불구하고, 새로운 엘바 휴대폰의 매출은 소비자의 기대를 충족하지 못했다.

2. 트링켓 주식회사는 사무실에서 직원 사기를 증진시킬 금전적 인센티브를 제공하는 정책을 도입했다.

3. SJ 전자는 운송 수단군을 업그레이드한 후 비용을 30퍼센트까지 줄였다.

4. 콜 센터 관리자인 밥 미쉘 씨가 다음 주 수요일에 고객 서비스에 대한 세미나를 이끌 것이다.

5. 피드백 양식에 있는 의견들은 우리의 메뉴의 채식 친화적인 요리에 대한 높은 선호도를 나타낸다.

6. 회사 창립자는 모든 주주들에게 새 공장을 견학하는 것을 제안했다.

7. 많은 수의 사전 티켓 판매량 때문에, 포터 씨는 뮤직 페스티벌을 연기하자는 제안을 거절했다.

8. 모든 신입 직원들은 각자의 부서장들에게 보고하기 전에 교육 시간에 반드시 참석해야 한다.

9. 바이오센스 사는 현재 자사 실험실의 연구원 직무에 대한 지원서를 받고 있다.

10. 미제노 그래픽 디자인 사는 로꼬 코퍼레이트 케이터링 사와의 약정을 갱신하기로 결정했다.

11. 리딕 진료소에 도착하기 전에 휴대폰이나 이메일로 예약을 확정해주시기 바랍니다.

12. 이링 출판사는 생산성을 향상시키기 위해 구조조정을 할 것이다.

13. 최소 두 가지 언어에 능통한 것은 로이스턴 여행사에 고용될 기회를 향상시킨다.

14. 이코노미석 또는 일등석으로 비행하든 간에, 알파인 항공사 승객들은 높은 품질의 서비스를 받을 자격이 있다.

15. 어떠한 혼선도 피하기 위해, 모든 이용자들은 프로그램을 시작하기 전에 설명서를 검토해야 합니다.

16. 자선단체 모금 행사에서, 여러 기관들의 회원들은 도날드슨 씨의 후한 기부액에 대해 감사를 표했다.

17. 스프리츠 백화점의 고객 서비스팀은 문제들을 즉각적이고 효율적으로 해결하도록 교육 받았다.

18. 다야츠 모터스 사의 기술자들은 다가오는 국제 자동차 쇼에서 그들의 새로운 고급 세단의 능력을 보여줄 것이다.

19. 다음 주 목요일에, 두 회사의 최고 운영 책임자들이 합작 투자에 관한 약정에 서명할 것이다.

20. 처리를 신속하게 하기 위해, 간단히 체크아웃 웹 페이지의 빠른 배송을 클릭하십시오.

21. 반스 씨는 새로운 임금 체계에 대한 문제를 다루기 위해 오늘 오후 1시부터 4시 사이에 그의 시간을 비워둘 것이다.

22. 주문을 받는 것이 가능한 전자기기를 사용하는 식당의 수가 증가하고 있다.

23. 일단 필수 서류들이 제출되고 검토되면, 지점장이 지불을 허가할 것이다.

24. 안전한 작업 환경을 보장하기 위해 새 조립 라인 기계를 작동할 때 안전 규정을 준수해 주십시오.

25. 테빗 씨는 로마스 씨가 9월에 은퇴한 후, 마케팅 이사 직함을 달 것이다.

26. 솔에일 비치 리조트는 주로 그곳이 제공하는 풍부한 활동과 편의시설로 인해 평판을 얻었다.

27. 존스 씨는 그녀의 동료가 프로젝트 일정표를 수정하기로 동의한 이후 그와의 분쟁을 해결했다.

28. 워크숍 참석자들은 고도의 제조 방식을 사용해 전자 부품 생산을 가속화하는 방법을 배울 것이다.

29. 렙콘 주식회사는 자사 직원들 사이에서 전문적인 모습을 유지하기 위해 복장 규정을 시행한다.

30. 여름 동안, 베닝 엔터프라이즈 사는 잠재적인 지원자들과 소통하고 그들의 질문에 답하기 위해 채용 설명회를 개최한다.

31. 마케팅부는 회사의 온라인 광고 전략에 대한 변화를 알릴 계획이다.

32. 아파트 건물 세입자들은 개인 주차 공간에 대한 요청사항을 1월 31일까지 제출해야 한다.

33. 저희는 고객들과 직접 이야기하는 것처럼 전화상으로도 똑같이 편안한 영업사원 직무에 대한 지원자를 찾고 있습니다.

34. 두발 씨는 더 많은 사무용품을 주문하기 전에 재고를 확인할 것이다.

35. 생산성을 증진시키기 위해, 코로나 랜드스케이핑 사는 장비를 업그레이드하고, 유동적인 근무 시간을 제공하는 것을 계획한다.

36. 퍼스트 리쿠르트먼트 사는 다양한 직무를 충원하기 위해 숙련된 직원들을 고용하도록 회사들을 돕는다.

37. 그린웨이 슈퍼마켓은 매달 마지막 일요일에 다양한 제품에 대한 할인을 제공한다.

38. 히친스 은행의 고객 지원팀에 연락하실 때마다 귀하의 계좌번호를 꼭 포함해주십시오.

39. 로이스 씨는 지난 분기의 그의 뛰어난 성과 때문에 승진했다.

40. 단체 관광객들은 버스를 떠날 때마다 안내 책자를 가져가야 한다.

DAILY QUIZ

7.

해석 직장에 지각을 하지 않는 것은 애들러 리걸 사에서 인턴 직원이 정규직 자리를 제공받을 수 있는 기회를 향상시킨다.

해설 빈칸에는 지각을 하지 않는 것과 정규직 자리를 제공받는 기회 사이의 관계를 나타낼 수 있는 어휘가 필요하므로 빈칸 뒤에 있는 chances와 함께 '기회를 향상시키다'를 뜻하는 (D)가 정답이다.

어휘 be late for work 직장에 지각하다
improve a chance 기회를 향상시키다

full-time position 정규직 자리 verify ~을 입증하다, 증명하다

8.

해석 잠재적인 통근의 어려움 때문에, 모건 씨는 회사의 본사를 교외 지역으로 이전하자는 제안을 거절했다.

해설 빈칸에는 통근 문제를 원인으로 들어 회사의 본사를 교외 지역으로 이전하자는 제안에 대한 모건 씨의 행위를 나타낼 수 있는 어휘가 필요하므로 빈칸 뒤에 있는 proposals와 함께 '제안을 거절하다'를 뜻하는 (B)가 정답이다.

어휘 commuting 통근 suburbs 교외 지역
observe ~을 관찰하다, 준수하다 reject a proposal 제안을 거절하다

Day 05 기출 동의어 ③

표제어 문제 정답

1. (A)	**2.** (B)	**3.** (B)	**4.** (B)	**5.** (A)
6. (B)	**7.** (A)	**8.** (B)	**9.** (B)	**10.** (B)
11. (A)	**12.** (A)	**13.** (A)	**14.** (B)	**15.** (B)
16. (B)	**17.** (B)	**18.** (A)	**19.** (B)	**20.** (B)
21. (B)	**22.** (B)	**23.** (B)	**24.** (B)	**25.** (A)
26. (B)	**27.** (B)	**28.** (B)	**29.** (A)	**30.** (B)

DAILY QUIZ

1.

해석 저희 팀은 30분 내에 컴퓨터 소프트웨어 설치를 수행할 수 있습니다. 새 프로그램 설치, 기존 소프트웨어 업데이트, 혹은 설치 문제 해결 등 어떤 작업이 필요하시더라도 저희는 이를 효율적으로 수행할 수 있는 전문 지식을 보유하고 있습니다.

해설 perform은 '(기술이 필요한) 어떤 일을 수행하

다'라는 뜻으로, 30분 내에 컴퓨터 소프트웨어 설치 작업을 '수행했다'는 것은 설치 작업을 '완료했다'는 의미로 볼 수 있으므로 (C)가 정답이다.

어휘 installation 설치 existing 기존의 troubleshoot 고장을 해결하다 expertise 전문성 get A done A를 끝내다 efficiently 효율적으로 entertain ~을 즐겁게 하다 function v. 기능하다

2.

해석 과열을 방지하기 위해 기계의 온도 센서를 정기적으로 확인하십시오. 설정 조정에 도움이 필요하시다면 기술자의 전화번호는 555-1648입니다.

해설 기계의 온도 센서를 '정기적인 간격으로' 확인하라고 안내하고 있다. 따라서 '주기적인'이라는 뜻의 (C)가 정답이다.

어휘 interval 간격 prevent A from -ing A가 ~하는 것을 막다 adjust ~을 조정하다 orderly 질서정연한 customary 관례적인 periodic 주기적인 even 고른, 평평한

3.

해석 그 프로젝트는 시기적절하게, 지연 없이 완료되어 팀의 효율성과 헌신을 보여주었습니다. 이러한 성과는 고객의 기대를 충족시켰을 뿐만 아니라 업계에서 팀의 신뢰성에 대한 명성을 강화했습니다.

해설 in a timely fashion은 '시기적절하게'라는 뜻으로, 여기서 fashion은 '방식'을 의미하므로 이러한 의미를 지닌 (D)가 정답이다.

어휘 in a timely fashion[manner] 시기적절하게 showcase ~을 보여주다 efficiency 효율성 dedication 헌신 expectation 기대 strengthen ~을 강화하다 reputation 명성 reliability 신뢰성 manner 방식

Week 03 실전 TEST

1. (A)	**2.** (C)	**3.** (C)	**4.** (A)	**5.** (B)
6. (B)	**7.** (A)	**8.** (C)	**9.** (A)	**10.** (A)
11. (A)	**12.** (B)	**13.** (A)	**14.** (C)	**15.** (A)
16. (B)	**17.** (B)	**18.** (D)	**19.** (D)	**20.** (A)
21. (B)	**22.** (C)	**23.** (B)	**24.** (B)	

1. Won't white paint be used to redesign our walls?
(A) It's up to the manager to choose.
(B) That's a wonderful color.
(C) It's in the cupboards.

우리 벽들을 다시 디자인하는 데 흰색 페인트가 사용되지 않을까요?
(A) 그건 부장님께서 선택하시기에 달려 있어요.
(B) 아주 멋진 색이네요.
(C) 그건 찬장 안에 있어요.

어휘 up to ~에게 달려 있는 choose ~을 선택하다

2. When will the shipment of napkins be delivered?
(A) Due to inventory shortages.
(B) There's a restaurant across the street.
(C) I haven't placed an order yet.

언제 냅킨 발송 제품이 배송될까요?
(A) 재고 부족 문제 때문에요.
(B) 길 건너편에 레스토랑이 하나 있어요.
(C) 제가 아직 주문하지 않았습니다.

어휘 shipment 발송(품), 배송(품) due to ~ 때문에 inventory 재고 (목록) shortage 부족 place an order 주문하다

3. Who's monitoring the musical rehearsal tomorrow?
(A) The performance will begin soon.
(B) At 5 o'clock on Wednesday.
(C) That assignment hasn't been given out.

누가 내일 뮤지컬 리허설을 감독하나요?
(A) 공연이 곧 시작될 겁니다.
(B) 수요일 5시에요.
(C) 그 업무는 아직 공표되지 않았습니다.

어휘 monitor v. ~을 감독하다, ~을 관찰하다
rehearsal 리허설, 예행 연습 performance
공연, 연주(회) assignment (할당되는) 업무
give out ~을 공표하다, ~을 주다

4. I'm having trouble finding information on this apartment listing.
(A) Oh, I can help you with that.
(B) They made a checklist.
(C) A one-bedroom unit.

제가 이 아파트 목록에서 정보를 찾는 데 어려움을 겪고 있어요.
(A) 아, 제가 그 부분을 도와 드릴 수 있습니다.
(B) 그분들이 점점 목록을 만들었어요.
(C) 침실 한 개짜리 세대입니다.

어휘 have trouble -ing ~하는 데 어려움을 겪다
listing 목록, 명단 unit (아파트 등의) 한 세대,
(상점 등의) 점포

5. Is the presentation going to be ready by tomorrow?
(A) A well-known keynote speaker.
(B) No, we're currently behind schedule.
(C) In conference room B.

발표가 내일까지 준비될 예정인가요?
(A) 잘 알려진 기조 연설자요.
(B) 아뇨, 저희가 현재 일정보다 뒤처져 있습니다.
(C) 대회의실 B에서요.

어휘 keynote speaker 기조 연설자 currently
현재 behind schedule 일정보다 뒤처진

6. Where can I find the closest post office?
(A) Every weekend until 6.
(B) I'm afraid it's already closed for the day.
(C) Have you checked the tracking number?

어디에서 가장 가까운 우체국을 찾을 수 있나요?
(A) 매 주말 6시까지요.
(B) 오늘은 이미 문을 닫은 것 같아요.
(C) 추적 번호를 확인해 보셨나요?

어휘 I'm afraid (that) (부정적인 일에 대해) ~인 것
같습니다, 유감이지만 ~입니다

7. Will the refreshments be catered or should I stop by the store tomorrow?
(A) Jeremy found a caterer.
(B) Before next week.
(C) They're all out of stock.

다과가 출장 요리 업체에 의해 제공되나요, 아니면 제가 내일 상점에 들어야 하나요?
(A) 제레미 씨가 출장 요리 업체를 하나 찾았어요.
(B) 다음 주가 되기 전에요.
(C) 그것들은 전부 품절입니다.

어휘 refreshments 다과, 간식 cater ~에
출장 요리를 제공하다 stop by ~에 들르다
caterer 출장 요리 업체 out of stock
품절인, 매진된

8. Who's supposed to contact the potential sponsors?
(A) For a music festival.
(B) We signed a new contract.
(C) Janelle is in charge of that.

누가 잠재 후원자들에게 연락하기로 되어 있나요?
(A) 음악 축제를 위해서요.
(B) 저희가 새 계약서에 서명했습니다.
(C) 자넬 씨가 그 일을 책임지고 있어요.

어휘 be supposed to do ~하기로 되어 있다, ~해야 하다 potential 잠재적인 sponsor 후원자 sign a contract 계약서에 서명하다 in charge of ~을 책임지고 있는

9. How often do you commute to the office?
(A) Twice a week.
(B) Usually at around 10 o'clock.
(C) At the Long Beach branch.

얼마나 자주 사무실로 통근하시나요?
(A) 일주일에 두 번이요.
(B) 보통 10시쯤에요.
(C) 롱 비치 지사에서요.

어휘 commute to ~로 통근하다, ~로 통학하다

10. Would you be willing to pick up the clients from the airport?
(A) Yes, I'd be happy to.
(B) A business class ticket.
(C) 24 miles from here.

공항에서 고객들을 모시고 와 주시겠어요?
(A) 네, 기꺼이 그렇게 하겠습니다.
(B) 비즈니스 클래스 한 장이요.
(C) 여기서부터 24마일이요.

어휘 pick up (차로) ~을 데려오다

11.
해석 벤트너 씨는 우리에게 그랜드 래피즈 몰에서 쇼핑객들에게 홍보 전단지를 배포할 것을 요청했다.
해설 빈칸에는 빈칸 뒤에 제시된 홍보 전단지에 대해 벤트너 씨가 요청한 행위를 나타낼 수 있는 어휘가 필요하므로 '~을 배포하다, 유통하다, 분배하다'라는 뜻의 (A)가 정답이다.

어휘 flyer 전단지 distribute ~을 배포하다, 유통하다, 분배하다 relate 관련시키다

12.
해석 라킨 시장은 밀튼 애비뉴에 추가적인 버스 정류장을 설치하자는 요청에 반대했다.
해설 빈칸에는 빈칸 앞에 위치한 명사 calls를 수식할 수 있으면서 시장이 반대한 요청의 내용을 나타낼 수 있어야 한다. 따라서 '추가 버스 정류장을 설치한다'는 의미가 자연스러우므로 '~을 설치하다'라는 뜻의 (B)가 정답이다.

어휘 call 요청, 요구 embark 승선하다 transport ~을 운송하다, 수송하다 install ~을 설치하다

13.
해석 아스트로 체육관 회원들은 프론트 데스크 직원과 이야기를 함으로써 그들의 사물함을 위한 자물쇠를 얻을 수 있다.
해설 빈칸 뒤에 제시된 명사 padlocks는 프론트 데스크 직원과 이야기해서 얻을 수 있는 대상이므로 '~을 얻다, 획득하다'라는 뜻의 (A)가 정답이다.

어휘 padlock 자물쇠 locker 사물함 obtain ~을 얻다, 획득하다

14.
해석 기부할 계획인 사용하지 않을 의류를 가져오셨다면, 안내 구역에 위치한 수거함에 넣어 주시기 바랍니다.
해설 빈칸에는 원하지 않은 의류로 할 수 있는 일을 나타낼 수 있으면서 특정 장소에 놓는 행위와 어울리는 어휘가 필요하므로 '~을 기부하다'를 뜻하는 (C)가 정답이다.

어휘 bring in ~을 가져오다, 챙겨 오다 unwanted 원하지 않는 place A in B A를 B에 넣다, 두다 collection bin 수거함 assemble ~을 조립하다 donate ~을 기부하다

15.
해석 비록 회사 소유주는 귀하께서 늦어도 5월 5일에

는 근무를 시작하시길 원하지만, 타당한 사유가 있다면 기꺼이 협의하실 것입니다.

해설 빈칸에는 회사에서 원하는 근무 시작일과 관련해 타당한 사유가 있을 경우 일을 시작하는 날짜를 조정할 수 있다는 의미의 어휘가 필요하므로 '협의하다, 협상하다'를 뜻하는 (A)가 정답이다.

어휘 **no later than + 날짜** 늦어도 ~까지는 **be willing to do** 기꺼이 ~하다, ~할 의향이 있다 **valid** 타당한, 유효한 **negotiate** ~을 협의하다, 협상하다 **ascertain** ~을 확인해 내다, 확정하다 **contradict** ~을 반박하다, 부정하다

16.

해석 알피 씨가 오늘 오후에 부서 회의 동안 고객 데이터베이스를 업데이트하는 방법에 대해 시연할 것이다.

해설 빈칸에는 알피 씨가 회의에서 고객 데이터베이스를 업데이트하는 방법에 대해 취할 수 있는 행위를 나타낼 어휘가 필요하므로 '~을 시연하다, 입증하다'라는 뜻의 (B)가 정답이다.

어휘 **demonstrate** ~을 시연하다, 입증하다 **attempt** ~을 시도하다

17.

해석 에르고핏 인터네셔널 사는 건강에 좋은 자세를 촉진하는 사무용 장비와 가구를 제조한다.

해설 빈칸에는 회사가 제조하는 장비와 가구 등을 사용하는 목적을 나타낼 수 있는 어휘가 필요하므로 빈칸 뒤에 제시된 a healthy posture와 함께 '건강에 좋은 자세를 촉진하다'라고 해석하는 것이 자연스럽다. 따라서 '~을 촉진하다, 격려하다, 권고하다'라는 의미의 (B)가 정답이다.

어휘 **furnishings** 가구 **posture** 자세 **anticipate** ~을 예상하다 **encourage** ~을 촉진하다, 격려하다, 권고하다 **succeed** 성공하다, 뒤를 잇다

18.

해석 밋첨 비지니스 솔루션 사는 시간제 근무자들을 포함해 모든 직원들을 대상으로 복장 규정을 시

행하고 있다.

해설 빈칸에는 회사가 전 직원들을 대상으로 회사의 복장 규정과 관련하여 할 수 있는 행위를 나타낼 어휘가 필요하므로 빈칸 뒤에 위치한 dress code와 함께 '복장 규정을 시행하다'를 뜻하는 (D)가 정답이다.

어휘 **enforce dress code** 복장 규정을 시행하다

19-22.

> 록하트 씨께,
>
> **19** 이번 주 금요일로 예정되어 있는 회의의 세부사항들을 확인하기 위해 연락 드립니다. 저는 우리가 캔튼 호텔의 식당에서 1시에 만나는 것으로 알고 있습니다. 몬티 워런 씨와 마사 솔로몬 씨를 포함한 마케팅팀이 참석할 것입니다. 유감스럽게도, 미쉘 골드버그 씨는 일정 **20** 충돌로 저희와 함께 하지 못할 것입니다.
>
> 저희는 다가오는 몇 달 간의 매출을 향상시킬 기술들을 논의하기를 바라며, 귀하의 생각을 몹시 듣고 싶습니다. 귀하가 풍부한 경험을 가지고 있다는 것을 알고 있으며, 저희 팀이 귀하의 전문지식 **21** 으로부터 크게 혜택을 얻을 수 있을 것이라 생각합니다. 저희의 현재 전략의 장점과 단점을 확인할 수 있을 것이며, 저희의 시장 점유율을 **22** 향상시키는 데 도움이 될 계획을 수립할 수 있을 것이라 확신합니다.
>
> 이번 회의와 앞으로의 서신 교환을 고대하고 있습니다.
>
> 안녕히 계십시오.
>
> 사만다 카스텐

어휘 **in attendance** 참석한 **upcoming** 다가오는 **be eager to do** 몹시 ~하고 싶다 **a wealth of** 풍부한 **benefit from** ~로부터 혜택을 얻다 **hugely** 크게, 엄청나게 **expertise** 전문지식 **identify** ~을 확인하다 **strength** 장점, 강점 **weakness** 단점, 약점 **market share** 시장 점유율 **correspondence** 서신 교환

19. (A) 제가 머무는 동안 숙소를 마련해 주셔서 감사드리고 싶습니다.

(B) 다가오는 회의를 위해 장소 예약을 진행해 주십시오.

(C) 저희는 영업 회의 의제에 추가할 항목들을 많이 가지고 있습니다.

(D) 이번 주 금요일로 예정되어 있는 회의의 세부사항들을 확인하기 위해 연락 드립니다.

해설 빈칸 뒤에 제시된 문장에 회의의 세부사항인 장소와 시간이 언급되기 때문에 회의의 세부사항을 확인하기 위함이라는 글의 목적을 담은 내용의 (D)가 정답이다.

어휘 **arrange** ~을 마련하다, 준비하다 **proceed with** ~을 진행하다 **scheduled for** ~로 예정된

20.

해설 빈칸 앞에 전치사와 -ing 형태의 명사가 있으므로 빈칸은 전치사의 목적어 역할을 하면서, scheduling과 복합명사를 구성할 수 있는 명사 자리이다. 또한, 빈칸 앞에 부정관사가 있으므로 단수명사 (A)가 정답이다.

어휘 **conflict** 충돌

21.

해설 빈칸 앞에 동사 benefit이 제시되어 있고, 빈칸 뒤에 혜택을 주는 대상이 있으므로 빈칸에는 '~로부터'라는 뜻을 가져 출처를 나타낼 수 있는 (B)가 정답이다.

22.

해설 빈칸 앞에 현재의 전략의 장점과 단점을 확인한다는 내용이 있으므로 빈칸에는 시장 점유율을 대상으로 계획을 수립하는 이유를 나타낼 어휘가 필요하다. 따라서 '~을 향상시키다, 개선시키다'라는 의미의 (C)가 정답이다.

어휘 **grant** ~을 주다, 수여하다 **improve** ~을 향상시키다, 개선시키다

23-24.

수신: ahayat@winfieldhotel.com
발신: lhaines@fyrefly.com
날짜: 4월 16일
제목: 예약번호 458278
첨부: 예약_확인서.docx

하야트 씨께,

저희 호텔 예약에 대한 예약 확인서(예약 번호 458278)가 오늘 도착했으며, 여기에는 저희가 예약하지 않았던 여러 퀸 사이즈 침대들이 있는 객실이 포함되어 있습니다. 저희는 다가오는 컨퍼런스를 위해 덴버 지역에 머무르는 동안 3개의 객실만 필요합니다. 제가 저희 회사 법인카드 잔액을 확인해 보니, 저희에게 4개의 객실에 대한 비용이 청구된 것 같습니다. 저는 귀하께서 저희 예약 내용에서 이 부분을 취소해 주시리라 **23** 생각하며, 이는 귀하의 동료 직원들 중 한 분이 실수를 하신 것이 분명합니다. **24** 하지만, 저는 저희 법인카드에서 잘못된 청구를 제거하려면 어떻게 해야 하는지 알고 싶습니다.

안녕히 계십시오.

링컨 하인즈
파이어플라이 주식회사

어휘 **multiple** 여럿의, 다양한 **reserve** ~을 예약하다 **upcoming** 다가오는, 곧 있을 **balance** 잔액, 잔고 **it appears that** ~인 것 같다 **be charged for** ~에 대한 비용이 청구되다 **assume (that)** (~라고) 생각하다 **in error** 실수로, 잘못하여 **wrong charge** 잘못된 청구, 청구 오류

23. 첫 번째 단락의 다섯 번째 줄에 있는 단어 "assume"과 의미가 가장 가까운 것은 무엇인가?

(A) 수집하다

(B) 생각하다

(C) 처리하다

(D) 받아들이다

해설 제시된 단어 assume 뒤에 잘못된 예약 부분을 상대가 취소해 줄 것이라고 생각한다는 내용이

쓰여 있으므로 '생각하다, 가정하다'라는 의미로
사용되었음을 알 수 있다. 따라서 (B)가 정답이
다.

24. 하인즈 씨는 무슨 정보를 요청하는가?
(A) 예약을 연장하는 방법
(B) 환불을 받는 방법
(C) 예약을 취소하는 방법
(D) 비용을 지불하는 방법

해설 지문 후반부에 잘못 예약된 부분을 취소해줄 것
이라 생각한다면서 법인카드 청구 오류를 처리
하려면 어떻게 해야 하는지 알고 싶다고 환불 방
법을 문의하고 있으므로 (B)가 정답이다.

어휘 extend ~을 연장하다 make a payment
비용을 지불하다

시원스쿨 **LAB**